지속가능 기업을 위한
안전경영의
법 🪖 칙

지속가능 기업을 위한 안전경영의 법칙

구권호 지음

–
산업재해에서 벗어나
생명을 살리는 24가지 노하우
–

추천사

지금 우리 사회의 어젠다는 단연 '안전'이다. 급변하는 경영환경 속에서 이제 안전은 기업의 생존을 위해 필수불가결한 시대가 되었다. 안전 문제를 경영의 관점에서 서술한 이 책이 지속가능한 경영방법을 모색하는데 많은 도움이 될 것으로 기대하며, 기업의 경영자와 관리자들께 꼭 한번 읽을 것을 권한다.

– 한국경영자총협회 전무 **류기정**

사람들은 행복하기 위해 일을 한다. 행복의 장소가 되어야 할 일터에서 사고로 인해 생명을 잃고 다치는 것은 당사자뿐만 아니라 기업에도 큰 손실이다. 안전과 바꿀만한 가치는 그 무엇도 없다. 안전의 핵심요소는 사람이라는 저자의 말이 마음에 크게 와닿는다. 생명을 존중하는 모든 사람들이 읽어볼만하다.

– 중소기업중앙회 스마트일자리 본부장 **이태희**

안전을 확보하기 위해서는 경영자와 직원이 함께 소통하고 비전과 경영철학을 공유하는 것이 중요하다. 안전경영 전략이 알기 쉽게 정리된 이 책은 안전을 어떻게 할 것인가에 대한 좋은 길잡이가 될 것으로 기대된다. 안전보건경영시스템을 구축하고 현장에 자리 잡게 하려는 CEO에게 훌륭한 안내서가 될 것이라 확신한다.

- 대성기계공업㈜ 회장 이성민

노동자의 생명을 지키는 일은 경영자나 관리자 또는 재해예방기관만이 할 일이 아니다. 안전보건은 모든 사람들의 생활 속에 깊이 뿌리박혀 삶의 일부가 되어야 한다. 그러므로 산재예방과 관련된 일을 하는 사람들은 '안전을 문화로 승화시켜야 한다'는 저자의 주장을 항상 염두에 둬야 할 것이다.

- 한국보건안전단체총연합회 회장 정혜선

저자의 신간 '안전경영의 법칙'은 많은 논문들과 연구결과를 인용하여 저자가 주장하고자 하는 논리를 뒷받침하는 형태의 신선한 접근방법을 사용하였다. 일상과 미디어에서 과거 접했던 사건 사고의 사례를 들어서 우리가 무엇을 잘못했는지 또한 어떠한 실수를 범하면서 산업을 발전시켜 왔는지를 저자의 산업체 현장 방문 경험과 식견을 토대로 설득력 있게 논리적으로 전개하였다. 따라서 안전보건을 배우는 학생과 일반인도 재미있게 읽고 공감할 수 있는 도서가 될 것으로 생각한다.

– 서울과학기술대학교 교수 **권영국**

기술서적 외에는 안전을 주제로 쓴 교양서적을 찾기 어려운 출판가에 무척 반갑고 소중한 책이 나왔다. 산업재해예방 전문기관에서 오랫동안 근무한 저자의 경험을 바탕으로 '누가, 어떻게 안전을 보장할 것인가?'라는 질문에 근본적인 해법을 제시한다. 대중이 현재 우리 산업현장의 현실을 이해하는 데 한발 더 다가갈 수 있을 것이다.

– 동아일보 기자 **황금천**

"우리 회사의 안전 수준은 어느 정도 됩니까?"

2018년 다수의 사망자가 발생한 경북의 어느 대기업에서 안전진단을 실시하다 받은 질문이다. 무엇으로 비교하여 설명할수 있을까를 고민하다 안전에 관한 수준을 측정한 데이터를 근거로 동종 업종의 타 회사들보다 낮은 수준이라고 답변한 적이있다. 고개를 갸우뚱거리는 관리자들도 있었지만 대부분의 관리자들이 수긍했다. 큰 사고가 나지 않았다면 내가 말한 안전 수준에 과연 동의했을까? 아마 어쩔 수 없었던 그 당시 상황이 고개를 끄덕이게 했을 것이다.

그때부터 그간 현장에서 다룬 정책, 사업주 등을 대상으로 강의한 자료, 언론에 기고한 내용들을 정리해야겠다고 마음먹게되었다. 안전을 좀 더 쉽고 재미있게 받아들이도록 현실적인 사례를 제시하는 것이 설득력을 높이리라는 생각도 들었다. 이에따라 가급적 공학적인 접근보다는 경영관리 측면에서 안전을 어떻게 할 것인가에 초점을 맞추어 이 책을 집필하게 되었다.

사고가 나기 전까지 대다수의 사람들은 사고는 나와 별 상관이 없다는 생각을 많이 한다. 본인이 사고를 목격하거나 가까운 친구나 주위에서 사고가 일어나면 조심해야겠다는 마음을 먹기도 하지만 얼마 가지 않아 언제 그랬는가 싶을 정도로 까마득히 잊어버리고 예전의 모습으로 돌아간다. 그렇다면 안전은 어디에서부터 출발해야 하는가? 누구나 라면을 끓여 봤을 것이다. 라면을 끓이는 데 무엇이 필요한가? 대부분의 사람들은 라면, 물, 불, 냄비가 필요하다고 답할 것이다. 이것만 있으면 라면은 정말 끓여지는가? 라면을 끓여 먹겠다는 '마음'이 없으면 아무리 많은 라면이 쌓여 있더라도 라면은 끓여지지 않는다. 사람들이 무엇을 해야겠다고 생각하고 행동으로 옮기기 위해서는 그것에 대한 필요성을 느끼고 절박한 마음이 있어야만 한다. 그럴 때 비로소 실천으로 이어진다. 안전의 출발도 마찬가지이다.

한가한 휴일에 모처럼 운동이라도 좀 할까 생각을 하면 사고발생 속보가 휴대폰을 울린다. 휴일뿐만 아니라 추석이나 설 연휴 전후에도 대형 사고가 많이 발생하고 폭설이 내리거나 태풍이 오기 전후에도 이런 경향이 높다. 왜 사고는 꼭 이럴 때 생기는 것인가? 최근 들어 마케팅 등 여러 분야에서 데이터의 중요성을 인지하고 데이터 수집부터 활용까지 많은 관심을 가지고 있지만 안전 분야는 아직도 부족한 감이 없지 않다. 유통업체들은 개개인이 인스타그램에 '좋아요'를 누른 브랜드를 정확히 알고 있고, 개개인이 언제 무엇을 구매하여 언제 재구매가 이루어질 것인지를 예측하여 할인쿠폰을 보내기도 한다. 축구, 야구 등 운동경기에서도 선수 교체나 패스 타이밍을 놓쳐 패배하는 경우도 있고 교체 타이밍을 잘 잡아 역전하는 경우도 있다. 이렇듯이 안전에도 타이밍이 있기 마련이며, 타이밍은 결국 데이터에서 비롯된다.

　현대사회를 살아가는 우리는 인터넷 등 정보통신기술의 발달로 세계 어디서든 동일한 정보를 손쉽게 획득하고 공유할 수 있게 되었으며 인터넷과 모바일 기기를 통해 실시간으로 소통하고 있다. 어떤 위험이 있더라도 정확한 정보를 가지고 있으면 사고 예방은 가능하게 된다. 아무리 정보가 많더라도 소통이 되지 않아 전달이 제대로 되지 않으면 사고는 일어나기 마련이다. 그런데 사고 현장에 가보면 의외로 소통의 부족으로 인한 사고가 많다는 것을 알게 된다. 소통이 부족하다는 것은 결국 권력간격지수가 크다는 것이고 이로 인해 정보 공유에 문제가 발생하여 사고발생 확률이 높아진 것이다.

안전에서 가장 고민스러운 질문은 '어떻게 할 것인가?'이다. 안전은 철저히 전략적이어야 한다. 우리가 어떤 목표 지점을 향하여 나아갈 때 속도가 아무리 빨라도 방향이 틀렸다면 목표 지점과 멀어질 뿐이다. 요즘 기업의 경영환경은 눈 깜짝할 사이에 바뀔 정도로 속도가 엄청나다. 트렌드의 변화와 신제품의 출시 주기가 짧아지고 인공지능을 반영한 신기술의 등장 등 경쟁이 치열해지고 있다. 이에 발맞춰 기업에서도 급변하는 환경에 대응하고 생존하기 위해 경영전략을 수립하여 조직 구성원에게 기업의 미래 방향을 제시하고 비전을 공유하는 등 많은 노력을 기울이고 있다. 기업이 경영전략을 수립하는 이유는 희소한 경영자원의 배분을 통하여 경쟁우위를 확보하기 위해서이다.

그렇지만 안전만을 위하여 기업을 운영하는 경영자는 아무도 없을 것이다. 안전은 기업이 추구하는 목표를 달성하는 과정에서 반드시 확보되어야 하는 필수요소로써 안전 문제로 인해 기업에 위기가 오지 않도록 해야 한다. 그러기 위해서는 조직 구성원들이 의사결정을 하거나 어떤 행동을 할 때 판단의 기준과 방향성을 제시하는 '안전'이라는 경영철학이 현장에 스며들게 하는 것이 중요하다. 다행인 것은 과거와 달리 비전이나 핵심가치, 경영방침 등 경영철학에 안전경영, 안전제일, 안전 최우선 등 안전에 대한 내용이 많이 포함되고 있다는 것이다.

어느 직장이든 간혹 급하거나 부득이한 사유로 인력과 예산이 수반되지 않고 업무만 시달리는 경우가 있다. 과연 성공적으로 이루어질 수 있을까? 일시적으로 그 일은 성공한 것처럼 보일 수도 있으나 전체의 업무량으로 보면 결국은 늘 하던 만큼만 한 것일 수밖에 없다. 말로만 안전을 철저히 하자고 한다고 해서 안전이 확보되는 것은 아니다. 인력과 예산 없이 안전을 잘 할 수 있다는 것은 하얀 거짓말이다. 인력과 예산이 전략적으로 투입되고 시스템을 갖추어 모든 업무 프로세스에 안전이 융합될 때 비로소 안전이 시작되는 것이다.

산업현장에서 사고가 발생했을 때 우리 회사는 2중, 3중의 안전장치가 구비되어 있는데 왜 사고가 발생하는지 도저히 이해할 수 없다는 말을 가끔 듣는다. 2중, 3중의 안전장치가 사고예방에 상당한 도움을 주는 것은 사실이나 조직의 안전 수준은 여러 가지의 평균이 아니라 최고 낮은 한 가지의 것이 그 조직의 수준이 되는 것이다. 독일의 화학자 리비히J. von Liebig는 식물이 정상적으로 생육하기 위해서는 여러 가지 종류의 무기성분이 적당한 비율로 공급되어야 하는데 이들 성분 중 어떤 한 가지 성분이 부족하면 식물의 생육은 그 부족한 성분에 의하여 지배되며, 비교적 다량으로 공급되는 성분량과는 관계되지 않는 다는 것을 알아냈다.

안전도 이와 마찬가지이다. 요즘 대기업에서 스마트 안전기술을 적용한 안전관리시스템을 도입하여 실시간으로 문제점을 파악하고 시정조치도 하는 등 과거에 비해 안전관리 역량이 많이 좋아졌다고 한다. 기쁜 일이 아닐 수 없지만 보호구나 장비가 더 안전해지고 작업환경이 개선된다고 우리가 기대하는 안전의 성과가 달성될 것인가? 물적 안전대책만으로는 단기적으로 성과를 거둘 수 있을 것이나 물적 안전대책이 향상되어 사고가 줄어들면 사람들은 리스크가 낮아졌다고 느끼게 되어 장기적으로는 원래의 수준으로 돌아갈 것이다. 즉, 안전의 문제는 사람의 문제로 귀결될 것이므로 물적 투자와 인적 투자가 균형을 이루고 어떻게 수준을 높일 것인가에 대해 끊임없이 고민해야 할 것이다.

또한 우리 사회에서는 크고 작은 사고가 발생하면 안전불감증이나 안전문화 미성숙이 사고의 원인이라는 이야기도 많이 한다. 사람들은 안전의 중요성을 정말 몰라서 그런 것인가? 왜 잘못된 행동들이 반복적으로 일어나는 것일까? 요즘 아파트 사이에 조성된 숲길을 걷다 보면 과거와 달리 새소리가 제법 많이 들린다. 숲 면적이 늘어나니 새들의 먹이도 풍부해지고 환경이 바뀌니 자연히 새들도 돌아온다. 안전모 착용을 잘 안 하던 시절, 안전관리자들은 '노동자에게 안전모를 쓰게 하는 데 10년이나 걸렸다.'라는 말을 하곤 했다. 지금은 대부분 잘 쓰긴 하지만, 대기업에서 시공하는 현장과 중소규모 건설현장 노동자들의 안전모 착용상태는 아직도 차이가 제법 있다.

그리고 보통 사람들이 위험하다고 생각하는 장소에서 업무 경력이 많은 사람들이 아무렇지도 않은 것처럼 익숙하게 일하는 모습을 종종 볼 수 있다. 이를테면 H빔을 이용하여 공장을 짓는 건설현장에서 노동자가 10m가 넘는 철골 위를 익숙하게 걸어 다니거나, 위험한 기계·설비의 안전장치를 제거하거나 작동되지 않도록 한 상태에서 자연스럽게 일하는 모습들 말이다. 익숙함이란 어떤 일을 여러 번 하여 서투르지 않고 시간과 경험을 통해 편안하고 자연스러워진 것을 말하지만 그렇다고 안전하다는 뜻은 아니다. 노동자들의 행동을 어떻게 하면 안전하도록 바꿀 수 있을까? 『스위치Switch』의 저자 칩 히스Chip Heath와 댄 히스 Dan Heath는 "사람들은 변화에 저항하기 때문에 사람을 탓하기보다 환경이나 상황을 바꿔 사람들이 따라오도록 해야 한다."라고 주장했다.

안전의 궁극적인 목표는 사고가 없어야 할 뿐만 아니라 안전이 문화로 정착되는 것이다. 새로운 옷이 널리 퍼져 하나의 문화가 되는 과정을 보면, 패션에 관심이 많은 누군가가 처음으로 그 옷을 입는 시도를 하고 많은 사람들이 따라 입는 유행을 거쳐 마침내 문화로 발전한다. 이처럼 안전문화도 사업장에 정착되기 위해서는 안전 관련 사항을 반복적으로 노출시켜 사람의 관점에서 조직 구성원의 태도와 신념, 행태 등에 영향을 미치게 하고, 환경적 관점에서 안전한 분위기 및 풍토를 조성해야 한다. 아울러 구성원들이 활용하는 도구와 시설·장비 등 안전한 작업조건을 갖추지 않으면 작업을 시작할 수 없는 프로세스와 시스템을 갖추어야 한다. 또한 주기적으로 수준을 측정·평가하고 지속적으로 개선할 때 문화로 승화할 수 있을 것이다.

글을 쓰면서 가장 주안점을 둔 부분은 "안전을 위해서는 사업장에서 누구의 역할이 가장 중요한가? 어떻게 하면 안전이 확보될 것인가?"였다. 여기에 초점을 맞추어 경영자, 안전관리자, 그리고 관리감독자들에게 도움이 되는 내용들로 구성하였고, 공학적 지식보다는 경영의 관점에서 그리고 일상에서 흔히 접할 수 있는 사례를 제시하여 쉽게 읽을 수 있도록 하였다. 전문지식이 필요한 부분에서는 논문이나 연구 결과를 인용하여 독자들의 이해를 돕고자 노력했다.

경험하고 생각한 것들을 정리하여 책으로 발간하는 것이 쉬운 일이 아님을 다시 한번 느꼈다. 이 분야의 전문가들 입장에서 보면 부족한 점도 많고 관점의 차이도 있으리라 생각한다. 넉넉한 아량으로 이해해 주기 바라며, 따뜻한 조언과 애정 어린 질책을 기대해 본다.

저자 구권호

Contents

01

안전은 타이밍이고
소통이다

1 안전의 출발점은 필요성과 절박함이다

대부분의 사람들은 매일 아침 일어나 직장으로 출근하고 퇴근 후 집으로 돌아오는 일상을 반복한다. 물론 무슨 일을 하느냐에 따라 다른 일상이 반복되기도 한다. 사람들이 무슨 일을 할 때 어떻게 그 일이 시작되는가를 잘 살펴보면 무언가 필요성을 느낄 경우 행동으로 옮기는 것을 알 수 있다.

우리는 초등학교부터 대학을 졸업할 때까지 16년이라는 긴 시간 동안 매 학기마다 중간고사나 기말시험이라는 이름으로 시험을 치른다. 시험을 치는 이유는 실력을 검증할 수 있는 가장 보편적이고 편리하며 객관적인 수단이기 때문이다. 학교를 다니는 기간 동안 시험은 당연히 보기 싫고 힘이 든다. 준비하기도 힘들고 스트레스도 받는다. 그러나 시험을 거부하거나 시험을 보지 않는 경우는 거의 없다.

공부는 사전적 의미로는 새로운 지식이나 기술을 배우고 익히는 것을 말하는데 공부를 하는 목적은 사람마다 다를 것이다. 당장 부모로부터 스마트폰을 보상받거나 가까운 미래에 좋은 대학과 직장에 가기 위해서일 수도 있다. 또 문제 해결 능력을 키워 자신의 꿈을 이루고 성장하기 위해서라고 대답하는 사람도 있을 것이다. 이 모든 것이 인생을 살아가는 데 필요한 능력을 키우고 익히는 과정이지만 어쨌든 우리는 시험을 잘 보기 위해 공부를 한다.

벼락치기 시험공부를 하는 이유

여기서 심도 있게 생각해 볼 점이 있다. 아마 학창 시절 한두 번 아니면 매번 벼락치기 시험공부를 한 경험이 있을 것이다. 평소에 예습과 복습을 철저히 하는 친구들은 시험기간에도 다른 날과 다름없이 지내는 것처럼 보이는데 시험 결과는 우수하게 나온다. 우리는 왜 벼락치기 공부를 하고, 그 결과가 왜 우등생과 다르게 나타나는 것일까? 벼락치기 공부를 하는 이유는 그간의 예습과 복습이 충분하지 않았다는 것을 스스로 인정하는 것이다. 그럼에도 시험을 잘 봐야 한다는 필요성과 절박함이 있었기 때문에 벼락치기라는 방법을 사용한다.

안전을 벼락치기에 대입해 보자. 우리나라 산업재해 통계를
보면 2019년 109,227명이 산업재해를 당했고 이 중 855명이 사
망했다. 정부에서는 예년과 달리 안전을 굉장히 강조하고 있고
정책이나 제도적인 면에서도 강화되는 추세에 있다. 그럼에도
불구하고 사고는 여전히 많이 발생하고, 큰 사고가 발생하고 나
면 언론 등에서도 사고 원인과 대책에 대해서 한동안 대서특필
된다. 하지만 곧 언제 그랬나 싶을 정도로 까마득히 잊혀졌다가
어느 정도 시간이 흐르면 사고는 또다시 반복된다.

왜 안전은 잘 되지 않을까? 시험의 예에서 보듯이 지금까지는
우리에게 안전을 해야 한다는 절박함이 부족한 면이 있었다.
1970년대 우리나라가 가난을 벗어나기 위해 경제발전을 추진할
때 사실상 안전은 뒷전이었다. 그럴 수밖에 없었고 당연할 수도
있다. 그러나 지금은 사정이 달라졌다. 6·25 전쟁이 끝나고 휴
전이 되었을 때인 1953년 우리나라 1인당 국민소득은 66달러에
서 2020년 기준으로 3만 달러를 넘어섰다. 경제가 성장하고 발
전하는 단계에서는 소득수준이 어느 정도 도달할 때까지 안전
에 대한 문제가 발생하더라도 문제인식이나 문제 해결 계기가
잘 마련되지 않지만 성숙단계에 들어서면 안전에 대한 문제가
드러나고 사회문제화 되기 시작한다. 과거에도 성수대교 붕괴사
고(1994년), 대구 지하철 화재사고(2003년), 경주 마우나 리조트
붕괴사고(2013년) 등 대형 사고가 발생하여 사회문제화 되기도

했지만 세월호 침몰사고(2014년)나 태안화력발전소 산재사망사고(2018년)보다 사회적으로 안전의 문제가 덜 이슈화된 것은 사실이다. 국민소득이 증가하면 국민들의 복지 및 안전에 대한 요구 수준은 높아질 수밖에 없다.

안전은 우리 사회의 핵심 가치

KBS에서 2020년 신년기획으로 조사한 우리 사회에 필요한 핵심 가치가 무엇이냐는 질문에 '공정(20.2%)'과 '안전(14.7%)'이 1위와 2위를 차지한 것만 보더라도 안전이 우리 사회에 화두로 대두되고 있는 것은 분명하다. 경영자들이 최근 강화되는 산업안전정책이나 안전에 대한 국민들의 요구에 대해 과거에는 별문제 없고 괜찮았는데 지금 왜 이렇게 사회적으로 이슈가 되는지 모르겠다고 느끼거나, '안전은 복불복이다.', '조심하면 괜찮다.'라고 생각한다면 기업은 영속할 수 없을 것이다.

누구나 한 번 이상 라면을 끓여 봤을 것이다. 라면을 끓이는 데 필요한 것이 무엇인가라고 질문을 하면 대부분의 사람들은 물, 불, 냄비, 라면이라고 말을 한다. 이 네 가지를 다 가지고 있어도 라면을 끓이지 않는 경우가 있는데 배가 고파 라면을 끓여 먹겠다는 절박한 마음이 없다면 라면을 끓이는 행동으로 옮기지 않게 된다.

사람들이 무엇인가를 해야겠다고 생각할 때 그 이면에는 필요성을 느끼는 것이고 절박함이 있을 때 비로소 행동에 옮기는 것이다. '안전을 꼭 해야 하는가?'라는 의문이 든다면 학창 시절 시험을 치는 때가 되면 당연히 공부를 해야 한다고 생각했듯이 지금 우리의 국민소득 수준에 비추어 볼 때 사회 환경이 기업을 경영하는 모든 경영진에게 안전을 요구하고 있음을 자각해야 한다.

안전에 관한 리더십을 '어떻게 잘 발휘할 수 있을 것인가?'도 같은 맥락에서 생각하면 해법이 쉽게 나온다. 우선은 내가 왜 리더십을 발휘해야 하는지 필요성을 느끼는 것이 중요하다. 리더십을 어떻게 정의하는지에 대해서는 학자들마다 다양한 의견들이 있지만 필자는 리더십을 이렇게 설명하고 싶다. 리더십은 필요성(Need)과 리더십(Leadership)을 합하여 니더십(Needership: Need+Leadership)이 되어야 한다고. 내가 누군가를 리드해야 한다면 내가 해야 할 필요성을 느끼고 상대방을 설득할 수 있어야 하며, 하지 않으면 죽는다는 절박감을 느낄 때 그 일은 반드시 이루어질 수 있다고 생각한다. 안전도 마찬가지이다. 이제 안전을 바라보는 관점을 과거가 아닌 현재의 눈으로 보는 지혜가 필요한 시대다.

2 안전은 타이밍이다

    학창 시절 공부가 하기 싫어 놀고 있으면 부모로부터 '공부도 때가 있다.'라는 말씀을 들은 적이 있을 것이다. 공부에 관심 없는 자식에게 부모가 늘어놓는 잔소리일 수도 있으나 모든 일에는 그것을 할 적절한 시기가 있다는 은유이기도 하다. 교통사고가 났을 때도 종종 이런 표현을 한다. '조금만 더 빨리 출발했으면⋯' 아니면 '조금만 늦게 출발했어도 괜찮았을 텐데.' 등등 항상 타이밍에 대해 말들을 한다.

    타이밍의 중요성에 대해서는 리더 등 많은 사람들이 그 중요성을 강조해 왔다. 윈스턴 처칠은 '낙관론자는 모든 어려움 속에서 기회를 찾지만, 비관론자는 모든 기회 속에서 어려움을 찾는다.'며 타이밍을 잘 잡기 위해 낙관론자가 되라고 했다. 그리스·로마 신화에 나오는 기회의 신 '카이로스'는 무성한 앞머리에 뒷머리는 민머리이며 발에는 날개가 달려 있고 왼손에는 저울, 오른손에는 칼을 들고 있다. 사람들은 앞머리로 얼굴을 가린 카이로스를 제때 알아보지 못하고 뒤늦게 잡으려고 하면 뒷머리가 민머리라 잡기가 어렵고 날개가 있어 날아가 버린다. 카이로스가 들고 있는 저울과 칼은 기회가 다가왔을 때 정확한 판단과 결단을 내리고 행동으로 옮겨 기회를 잡으라는 뜻인데 결국은 제대로 준비하고 타이밍을 잡지 않으면 기회를 놓친다는 것이다.

타이밍의 중요성은 우리 주변에서도 쉽게 사례를 찾을 수 있다. 같은 장소를 여행했더라도 날씨가 좋은 날 여행한 나에겐 천국 같고 추억의 장소이던 곳이 남에게는 지긋지긋함과 다시는 기억하고 싶지 않은 곳일 수도 있고, 새로운 제품이 나왔을 때 잘 팔릴 것인가를 고민하다 대리점 계약이나 물건을 매수하는 타이밍을 놓친 사람이 있는 반면, 기회를 잡아 큰돈을 벌어들이는 사람들도 있다. 축구, 야구, 농구 등 운동경기에서도 선수 교체나 패스 타이밍을 놓쳐 패배하는 경우도 있고, 교체 타이밍을 잘 잡아 역전하는 경우도 많이 있다. 또한 아름다운 사진을 보면서 '어떻게 이런 타이밍을 잡을 수 있었을까!'라며 감탄할 때도 있다.

안전을 '언제' 할 것인가

기업을 운영하면서도 그때 우리가 결정을 잘못했다면 지금 존재할 수 없다거나, 당시 한 번의 결정이 지금 우리 기업의 기초가 되었다는 등 선택의 기로에서 타이밍의 적절성에 대해 이야기를 한다. 이처럼 항상 '언제'라는 타이밍이 때로는 기회가 되기도 하고 위협이 되기도 하며, 언제 어디서 어떻게 결정을 내리느냐에 따라 행로는 판이하게 달라진다.

『언제 할 것인가』의 저자 다니엘 핑크Daniel H. Pink는 "타이밍이 인생을 결정한다. 타이밍이 어쩌면 인생의 전부"라고 주장하며 "우리의 삶은 '언제(when)'라는 결정의 끊임없는 연속이다."라고 했다. 또한 벤처기업 전문 펀드 업체 '아이디어랩 Idealab'의 빌 그로스Bill Gross 회장은 TED Talk[1]에서 100개의 아이디어랩 창업기업과 그렇지 않은 기업(non Idealab) 100개를 조사한 결과 스타트업 성공에 중요한 요소로 아이디어(Ideas), 팀(Team), 비즈니스 모델(Business Model), 자금조달(Funding), 타이밍(Timing) 다섯 가지가 선정되었는데, 성공과 실패에 끼친 영향력을 보면 자금조달이 14%, 비즈니스 모델이 24%, 아이디어가 28%, 팀 역량이 32%, 타이밍이 42%로 타이밍이 가장 큰

---

1) TED(Technology, Entertainment, Design)는 1984년 창립된 미국의 비영리재단에서 운영하는 기술, 오락, 디자인 등과 관련된 강연회로 강연은 18분 이내로 이루어지며, 강연 하나하나를 'TED Talk'라 한다.

영향력을 미친 것으로 나타났다.[2]

안전에서도 타이밍의 중요성을 강조하지 않을 수 없다. 고용노동부에서 매년 공식 발표하는 산업재해 현황 통계를 보면 업무상사고, 업무상질병, 산업재해 지표 추이를 비롯하여 업종·규모·성性·연령·근속기간·발생 시기·발생 형태·지역별 등 다양한 형태로 통계를 분석하고 있다. 이런 통계가 개별사업장의 산업재해 예방에 많은 도움을 줄 수 있을까?

'그렇다.'라고 답변하기에는 뭔가 부족하다는 생각이 든다. 우리나라에서 산업재해가 이렇게 많이 나고 있으니 조심해야 한다든가, 산업재해의 심각성에 대해 경각심을 주는 교육 자료로써, 우리나라 전체의 산업재해 추이를 보고 예방정책 수립을 위해 필요한 참고자료로는 활용할 가치가 있으나 개별 사업장의 산업재해 예방을 위한 자료로는 부족한 점이 있다. 물론 개별사업장에서 사고발생 빈도가 높은 요일이나 시간대, 동종 업종의 재해발생 형태 등 개별 사안에 따라 분석한 자료들을 참고하여 예방자료로 활용할 수도 있으나 사업장에서 실제로 필요로 하는 자료는 우리가 언제 예방활동을 적극적으로 수행해야 효과를 얻을 수 있는지에 대한 것이다.

---

2) Bill Gross, The single biggest reason why startups succeed today, TED, 2015.

산업재해 예방의 타이밍

예방 타이밍을 놓치지 않기 위해서는 개별사업장의 세부적인 정보와 심도 있는 분석이 필요하다. 분석을 위해 필요로 하는 정보가 무엇인지, 어떻게 얻을 것인가를 생각해 보자.

우선 이런 질문을 던져보자. 사고예방을 해야 하는 사람은 누구인가? 사고예방을 적극적으로 실시해야 하는 시기는 언제인가? 무슨 기계·설비나 작업에서 사고가 많이 발생하는가? 안전을 위해 조직 구성원들은 무엇을 더 원하는가? 등의 질문에 대한 키워드를 찾고 타깃을 정해 필요한 정보를 수집한다. 첫 번째 질문에 대한 키워드는 사업주, 관리감독자, 안전관리자로 좁혀질 것이다. 물론 가장 많은 사고를 당하는 노동자도 해당되지만 여기서는 관리적인 측면에서 그렇다는 것이다. 두 번째, 세 번째 질문의 키워드는 그간에 일어났던 사고나 아차사고(Near miss), 잠재위험요소 등의 통계가 필요하다. 마지막 질문에는 환경개선이나 안전 설비 등이 키워드가 될 수 있을 것이다. 이런 질문을 통해 수집된 자료를 바탕으로 진단·평가한 정보를 기초로 타이밍을 찾을 수 있을 것이다.

우선 사고예방에 대한 타이밍을 보기 위해 공식 통계에 나오지 않는 연구결과 등의 분석사례들을 살펴보면, 폭설이 내리거나 태풍이 발생하는 계절에 사고발생이 많다는 것을 알 수 있다. 특히 태풍이 다가오기 전 사전예방을 위해 점검을 하거나 태풍이 지나간 후 부서진 지붕 수리를 위해 작업을 하다 추락하는 등 날씨와 관련한 사고발생이 많다. 추석이나 설 연휴 전후가 평상시보다 사고발생 빈도가 1.2배 높게 나타나며, 100인 미만 사업장 중 설립된 지 2년 이하의 신생사업장 재해율이 기존 사업장에 비해 2배 이상 높게 나타난다. 사고사망의 경우 전 업종에서는 점심시간 전후가 가장 높고, 추락사망의 44%는 5m 이하의 높이에서 발생하며, 주말이나 공휴일 작업 중 발생하는 사고사망의 비율이 22%를 차지한다. 제조업의 경우는 끼임 사고로 인한 사망이 22%를 차지하고 이 중 절반 이상이 수리, 정비, 보수 등 비정형작업에서 발생한다는 사례를 찾아볼 수 있다.

이러한 정보는 데이터양의 차이 등으로 인해 개별사업장의 자료 분석 결과와 일치하지 않을 수도 있지만 개별사업장의 사고예방 타이밍에 누가 언제 무엇을 해야 하는지에 대해 활용할 가치가 충분히 있다. 충분한 자료 확보를 위해서는 아차사고 발생 시기나 안전관찰 자료 또는 설문 등을 통해 획득한 자료를 활용하여 예방 타이밍을 찾아보는 방법도 모색해 볼 수 있다.

또한 시간이나 상황에 따라 안전에 대한 타이밍도 변한다. 요즘도 가로수 정비작업을 하다 사망사고가 가끔 발생하는데 과거에는 가로수 가지치기 작업을 봄에 실시했으나 최근 몇 년 전부터 겨울에 가지치기를 할 때가 종종 있다. 이처럼 상황이 바뀐다면 타이밍도 당연히 바뀌어야 한다.

사고예방을 위한 정보가 없으면 막연하게 지금까지의 경험에만 의존하게 된다. 나아가 본인이 습득하지 않은 새로운 기술이나 방법을 적용하지 않게 되어 예방 타이밍도 찾을 수가 없다.

미래를 결정하는 공식

우리는 항상 미래에 대해 알고 싶어 한다. 그러나 현실적으로 미래를 정확히 알 수 있는 방법은 없기 때문에 과거의 정보를 바탕으로 미래의 가능성을 예측하는 방법을 택한다. 야구 중계를 보다 보면 감독이 중요한 순간에 대타를 내보내는데 대부분은 지고 있을 때 점수를 내기 위한 타이밍이라고 생각할 때다. 대타로 나오는 선수를 선정하는 방법은 과거의 데이터를 바탕으로 그날 선수 컨디션 등을 고려해서 내보낼 것이다. 과거를 모른 채 현재의 상황만 보고 미래를 예측하기는 쉬운 일이 아니다. 안전에서도 예방 타이밍을 잡기 위해서는 과거의 자료가 필요하다. 현재까지 그런 자료가 없다면 지금부터라도 차곡차곡 모으고 분석하여 활용토록 해야 한다.

가끔 강의 시간에 수강생들에게 이런 질문을 던진다. '여러분의 미래는 어떨 것 같습니까?' 그리고 수학 공식을 칠판에 쓴다.

$$미래 = \sum_{i=1}^{n}(과거 + 현재)$$

그리고 '지금까지 살아오면서 과거에 노력한 것과 현재 하고 있는 것이 합해져 여러분의 미래가 결정됩니다.'라고 말한다. 물론 살아가는 데는 운이라는 것도 작용을 한다. 중학생 시절에 방정식을 풀지 못한 학생이 시간이 흘러 70세가 된다고 그냥 방정식을 풀 수 있는 것은 아니다. 과거에 열심히 하지 못했다면 지금이라도 노력을 해야만 풀 수 있는 것이다.

3 현장의 의견을 경청하고 소통하라

소통을 이야기할 때 빠지지 않는 것이 경청이다. 경청에 대해 찾아보면 경청의 자세, 경청의 단계, 경청의 기술, 경청의 효과 등에 대한 자료는 물론 시중에 나와 있는 책도 다양하다. 동서고금을 막론하고 경청이 그만큼 중요하다는 것을 반증하는 것이 아닌가 싶다. 영국에는 '지혜는 듣는 데서 오고 후회는 말하는 데서 온다.'는 격언이 있고, 중국에는 '남의 말을 공경하는 마음으로 귀담아 듣는 것'을 이르는 '세이공청洗耳恭聽'이라는 사자성어가 있다. 『성공하는 사람들의 7가지 습관』의 저자인 스티븐 코비Stephen R. Covey는 "성공하는 사람과 그렇지 못한 사람의 대화 습관엔 뚜렷한 차이가 있다. 그 차이를 단 하나만 들라고 한다면 나는 주저 없이 '경청하는 습관'을 들 것이다."라고 말했다.

경청傾聽이란 무엇인가? 사전적 의미로는 '귀를 기울여 들음'
이다. 산업안전대사전에는 '경청은 상대의 말을 듣기만 하는 것
이 아니라 상대방이 전달하고자 하는 말의 내용은 물론이며, 그
내면에 깔려 있는 동기나 정서에 귀를 기울여 듣고 이해된 바를
상대방에게 피드백 하여 주는 것을 말한다.'라고 정의하고 있다.
즉, 상대방의 말을 귀 기울여 주의 깊게 듣고 감정을 이해하며
수용하는 자세와 공감하는 태도가 바탕을 이룰 때 진정한 경청
이라 할 것이다.

소통에 대해서도 세대별로 많은 차이점이 나타난다. 세대차이
世代差異는 '동일 집단 내의 개인 간 또는 서로 다른 집단 간의
경험에 따라 뚜렷하게 구별되는 다양한 의식, 태도, 행위양식,
가치관 등'[3])을 말하는데 구세대와 신세대를 넘어 요즘처럼 트
렌드가 확확 바뀌는 세상에선 몇 년 차이로도 '요즘 것들'과 '옛
날 것들'로 구별된다. 『매경 ECONOMY』 2012호(2019. 6. 14.)
의 「Z세대가 온다. 밀레니얼세대와 닮은 듯 다른 신인류 스마트
폰 쥐고 자란 '포노사피엔스'」에서는 세대를 베이비붐세대, X세
대, 밀레니얼세대(Y세대), Z세대로 구분하고 있다.

---

3) 김춘경 외, 『상담학 사전』, 학지사.

세대 구분	베이비붐 세대	X세대	밀레니얼 세대 (Y세대)	Z세대
출생연도	1950~1964년	1965~1979년	1980~1994년	1995년 이후
인구 비중	28.9%	24.5%	21%	15.9%
미디어 이용	아날로그 중심	디지털 이주민	디지털 유목민	디지털 네이티브
성향	전후 세대, 이념적	물질주의, 경쟁사회	세계화, 경험주의	현실주의, 윤리 중시

출처:『매경 ECONOMY』2012호(2019. 06. 14.) 재인용.

〈세대의 구분〉

세대별로 다른 소통 방식

소통 하면 과거에는 회식이 먼저 생각나는데, 최근 워라밸이 사회적 이슈로 떠오르면서 회식 문화도 많이 달라졌다. 예전에는 술자리 회식이 가장 많았는데 최근에는 점심시간을 활용한 맛집 탐방이나, 영화·공연·스포츠 관람 등 회식 종류도 다양해졌다. '사람인' 설문조사에 의하면 회식에 대한 인식이 세대별·직급별로 차이가 나는데, '회식이 직장생활에 꼭 필요한지'에 대한 질문에 사원급은 60.5%, 대리급은 64.5%가 '필요 없다'고 한 반면, 과장급 이상은 회식이 '필요하다'는 답변이 66.8%로 우세하게 나타났다.

세대별 소통 방법도 다르게 나타났는데 대학내일20대연구소에서 전국 만 15~49세 남녀 900명을 대상으로 실시한 설문조

사4)에 따르면 일상적인 대화 시 Y·Z세대는 모바일 메신저, X
세대는 음성통화를 선호하며, 윗사람과 메시지로 대화할 때 Z
세대는 특수기호, 이모지를 이용하거나, 맞춤법을 일부러 틀리
기도 한다. 윗사람에게 지적이 필요하거나 반대 의견이 있는 상
황에서는 X세대는 '기분 나쁘지 않게 돌려 말한다.'가 31.3%인
데 비해, Z세대는 '내 의견이 필요할 때까지 지켜본다.'가 30.7%,
'상대의 의견을 따른다.'가 24.3%로 나타났다. 통화를 피하는
이유도 Z세대는 '통화 중 침묵이 싫어서', X세대는 '다른 일을
할 수 없어서' 등 서로 간의 소통방식에 차이가 있으므로, 세대
간에 이해하고 존중하는 것이 필요하다. 그럼 우리는 소통을 잘
하고 있을까?

지금은 없어졌지만 1984년부터 2009년까지 KBS에서 방송됐
던 <가족오락관>이라는 연예오락 프로그램이 있었다. 게임 중
에 어떤 단어를 한 사람이 손짓 발짓에 괴성을 질러가며 설명하
면 헤드폰을 낀 다른 사람이 열심히 듣고 답을 하는데 정답과
달리 엉뚱한 답변을 하여 방청객이 폭소를 터뜨리던 장면이 떠
오른다.

1990년 미국 스탠퍼드 대학의 심리학 전공 대학원생이던 엘리
자베스 뉴턴Elizabeth Newton은 두드리는 자와 듣는 자(Tapper and

---

4) 신지연 등, 「X·Y·Z 세대가 소통하는 방법」, 대학내일20대연구소 ISSUE PAPER,
   2019. 6.

Listener)라는 실험을 통해 '지식의 저주'5)를 보여주었다. 두드리는 사람에게는 누구나 아는 노래를 이어폰으로 들려주고 박자와 리듬에 맞춰 탁자를 두드리게 하고, 듣는 자는 이를 듣고 무슨 노래인지 맞히는 실험이었다. 모두 120곡의 노래를 들려주었는데 얼마나 맞혔을까? 탁자를 두드리는 사람은 듣는 사람이 노래의 50% 이상을 맞힐 것이라 예상했지만 실제로 듣는 사람은 단 3곡만 정답을 맞혀 정답률은 2.5%에 불과했다. 정답률이 50%일 것이라는 예상과 달리 실제 2.5%에 불과한 이 차이가 커뮤니케이션에서 나타날 수 있는 오류라는 게 이 실험의 요지다.

사람이 무엇을 잘 알게 되면 그것을 모른다는 것을 생각하기 어렵고 결국 정보를 가진 사람과 그렇지 않은 사람 사이에 소통의 실패가 일어나게 된다. 유명한 스포츠 스타 선수가 감독이나 지도자로 변신하여 성공한 사례가 많지 않은 것도 본인이 선수 시절에 잘했듯이 지시하면 당연히 잘 알아듣고 이해할 것이라는 고정관념이 문제를 발생시키는 것이다.

---

5) 다른 사람의 행동이나 반응을 예상할 때 자기가 알고 있는 지식을 다른 사람도 알 것이라는 고정관념에 매몰되어 나타나는 인식의 왜곡을 말하는데, 1989년 캐머러(Colin Camerer), 로웬스타인(George Loewenstein), 웨버(Martin Weber) 3인의 경제학자들이 발표한 유명한 논문(The curse of Knowledge in Economic Settings: An Experimental Analysis)에서 처음 언급.

소통은 듣는 이에게 맞춰야 한다

예전에 시골길을 가다 '○○까지 얼마나 가면 됩니까?'라고 물었을 때 조금만 가면 된다는 답변을 들었던 경험이 있을 것이다. 정말 조금만 가면 될 것이라 생각하고 한참을 가도 목적지에 도달하지 못하고 다시 만나는 사람에게 또 '○○까지 얼마나 가면 됩니까?'라고 묻는 일을 반복하기도 했다. 지금은 내비게이션이 있어 길을 묻는 경우가 많지 않지만 내비게이션이 없던 시절 손님에게 집을 찾아오는 방법을 설명할 때 '어디에 오면 무엇이 있고 거기서 왼쪽으로 돌아 조금만 오면 우리 집이야. 찾기 쉬워.'라고 말한 적도 있었을 것이다. 마찬가지로 사업장에서 지시를 할 때 구체적이지 않으면서 '이렇게 하면 돼, 아니 이걸 왜 몰라?'라고 한 경우는 없는지 생각해 볼 필요가 있다.

사업장에서 사고는 때와 장소를 가리지 않고 일어나지만 대부분의 사고는 일하는 현장에서 일어난다. 안전과 관련하여 현장 직원들보다 사무실에서 근무하는 직원들의 건의 사항을 더 중히 받아들이고 판단하지 않았는지 생각해 볼 일이다. 안전은 현장 중심으로 이루어져야 하고 현장의 의견을 경청해야 한다. 또한 사업장에서 직원들이 안전의 필요성을 이야기할 때 '그 이야기 이제 그만해. ○○ 직원은 말만 하면 불만이야. 지금까지 아무 일 없었는데 왜 그래.' 등과 같은 대화가 오고 갔다면 앞으로 직원들은 건의를 하지 않을 뿐만 아니라 대화는 단절될 것이다. 소통을 하기 위해 자리를 마련한다고 소통이 원활해지는 것은 아니다. 자연스럽게 대화가 오고 가고 나의 의견이 받아들여지고 설사 받아들여지지 않더라도 왜 수용하지 못하는지에 대해 이해할 수 있다면 소통은 자연스럽게 되고 있는 것이다.

소통에 문제가 생기는 이유는 여러 가지가 있을 수 있는데 상대방이 집중하지 않을 수도 있고, 지식이 부족할 수도 있다. 그러나 혹시 나에게 문제가 없는지 곰곰이 생각해 볼 문제다. 소통은 결국 듣는 이에 의해 결정되기 때문이다. 지시하는 내용이나 메시지는 듣는 이가 받아들이는 데 문제가 없어야 한다. 듣는 이가 가진 지식의 수준과 경험을 미리 잘 파악해서 거기에 맞추어 소통해야 한다.

조직의 경쟁력을 강화하는 여러 가지 방법 중 소통도 그중의 하나다. 소통이 잘 되기 위해서는 공식적인 자리도 중요하지만 비공식적 자리에서 발생하는 자유로운 소통과 다양한 생각들이 문제를 해결하는 데 실마리를 제공할 수 있다. 회사 내에 사무실 한쪽이나 복도 등에 물 등을 마실 수 있는 공간이 있으면 사람들이 모여 대화를 나눌 수 있게 되어 사내 의사소통이 활발해지는 효과를 '워터쿨러 효과(water cooler effect)'라 한다. 옛날 우리 선조들은 우물가나 빨래터에서 대화를 나누며 동네 소식을 공유했다. 회사 내에 직원 간 소통할 수 있는 공간을 만들자. 가능하다면 경영진과 소통할 수 있는 공간을 만드는 것도 고민 해 보자.

4 간격(격차)을 줄이는 정책을 장기적으로 시행하라

안전보건경영시스템 인증 심사는 인증의 적합 여부를 판단하기 위하여 인증기준과 관련된 안전보건경영 절차의 이행상태 등을 현장 확인을 통해 실시하는 심사를 말하는데, 수준을 점수화하여 측정하지는 않고 적합, 부적합 여부만 판단한다. 그러나 회사의 담당자 입장에서는 다른 기업과 비교해서 회사의 수준이 어느 정도인지 궁금해 하는 경우가 많다. 그래서 심사를 다니다보면 가끔 '우리 회사의 안전 수준이 어느 정도 됩니까?'라는 질문을 받는다. 자기 기업의 안전보건 수준이 어느 정도인지 알고자 하는 것은 부족한 부분은 보완하고 잘 하고 있는 부분은 더 발전시켜 수준을 높이기 위함일 것이다.

세계 석학들은 향후 미래를 결정짓는 요인으로 '인공지능'과

'격차'를 주목했다.6)『총, 균, 쇠』의 저자 재레드 다이아몬드Jared Diamond는 격차 문제가 생기면 신종 전염병의 확대, 테러리즘의 만연, 타국으로의 이주 가속화가 큰 문제를 야기할 것이라고 예측했다. 격차는 이 밖에도 여러 가지 문제를 야기하고 있다. 소득 격차로 인한 빈부 갈등, 정보 격차로 인한 사회적 기회의 불균등, 세계 여러 나라 간 경제적 격차로 생긴 노동력의 이동으로 인한 외국인 근로자 산재발생 문제, 불법체류자 문제, 외국인에 대한 인권 문제 및 다문화가정의 증가 등 각종 사회문제도 증가하고 있다.

권력간격지수는 소통의 열쇠

기업에서도 신세대와 구세대의 생각과 문화적 차이에 의한 소통의 문제, 이로 인한 안전 측면에서의 문제 등이 발생하고 있다.

네덜란드 사회학자 기어트 홉스테드Geert Hofstede는 다문화 심리학을 연구하는 데 가장 널리 쓰이고 있는 '홉스테드 차원들(Hofstede's Dimensions)'을 개발하였는데, 이 중에 권력간격지수(PDI: Power Distance Index)라는 것이 있다. 권력간격지수는

---

6) 유발하라리·재레드 다이아몬드 외, 오노 가즈모토 엮음, 정현옥 옮김, 『초예측』, 웅진 지식하우스.

특정 문화가 위계질서와 권위를 얼마나 존중하는지를 나타내는 데, '직원들이 관리자의 의견에 동의하지 않음에도 두려움 때문에 그것을 드러내지 않는 일이 자주 발생하는가?', '나이 많은 사람이 얼마나 존중받고 또한 두려움의 대상이 되고 있는가?', '권력층이 특권층으로 받아들이고 있는가?' 등을 질문하여 측정한다. 그 결과 권력간격지수가 높으면 권위적·일방적 체제이고, 낮으면 민주적·합리적 소통구조로 본다.

권력간격지수와 비행기 사고의 상관관계를 분석한 데이터를 보면 권력간격지수가 높은 나라일수록 비행기 추락사고의 발생 빈도가 높다[7]는 것이다. 1997년 일어난 KAL801편의 괌 추락사고는 레이저 빔으로 항공기의 착륙을 유도하는 글라이드 스코프glide scope 고장, 날씨, 조종사의 피로 등이 결합되면서 일어난 사고이지만 더 중요한 원인은 소통의 부재 때문이다. 블랙박스를 분석한 결과 조종실에 있는 조종사와 부조종사, 기관사 3명의 권력간격지수가 높다 보니 위기의 순간에 부조종사나 기관사가 인지한 위험을 조종실의 권력자인 조종사의 눈치만 보다 제때 제대로 전달하지 못하고 우물거리다 추락한 것이다.

기업에서도 권력간격지수가 높은 사례를 쉽게 찾아볼 수 있

---

7) 말콤 글래드웰, 노정태 옮김, 『아웃라이어』, 김영사.

는데 출근시간 한 대의 엘리베이터가 만원인데도 대표이사를 위해 다른 한 대의 엘리베이터가 대기하고 있는 경우, 간담회를 한다고 직원들을 모아놓고 훈시만 하는 경우, 임원들이 회사를 순시할 때 똑바른 자세로 대기하거나 청소를 하는 경우, 아랫사람이 윗사람에게 이의를 제기하면 혼이 나는 경우 등이 있다. 이런 경직된 문화는 결국 소통에 문제가 생기게 된다.

기업에서 간격을 줄이는 방법

안전관리 측면에서 권력간격지수가 높으면 소통에 어려움이 생기고 결국 정보공유에 문제가 발생하여 사고발생 확률이 높아진다. 정보공유는 안전 확보 측면에서 대단히 중요한데 하마지마 쿄코, 우메 자키 시게오의 「정보전달 및 변경관리에 주목한 산업기계의 노동재해 분석법의 제안」 연구[8]에서 조사한 129건의 사고 중 정보전달 공유와 관련된 사고가 90건으로 약 70%를 차지하고 있으며 세부내용은 다음 <표>와 같다.[9]

---

8) 하마지마 쿄코・우메 자키 시게오, 「정보전달 및 변경관리에 주목한 산업기계의 노동재해 분석법의 제안」, 『노동안전위생연구』, Vol. 2, No 1.

9) 나카무라 마사요시, 김영석 옮김, 『대형사고 방지를 위한 안전의식과 안전공학적 실천방안』, 시그마프레스. 재인용.

정보요소(정보의 오류, 부족, 전달의 결함 등)		건수(건)	비율(%)
안전관리 체제의 미비(지휘자 미선출 등)		18	14.0
작업실행 전 정보	작업절차와 기계설비의 구조 등	51	39.5
	작업일정 및 내용(다른 사람에게 영향을 주는 작업의 위험성 등)	4	3.1
작업실행 중 연락 조정에 결함	전달 수단 미비에 의한 이재민 발견 지연	39	30.2
	신호(운전 개시 및 위험지역의 출입 등)	25	19.4
	작업변경·돌발적인 수리 실시 및 문제발생 보고 등	13	10.1
	대화와 신호를 위해 위험지역에 진입	3	2.3
합계		90*	69.8

* 하나의 사고에 대해 여러 요인을 계산하고 있다

〈정보전달 공유의 결함에 기인하여 발생한 재해분석 결과〉

기업에서 권력간격지수를 줄이는 것은 결국 소통을 원활하게 하고 안전관리 측면뿐만 아니라 신뢰를 높이며 조직문화를 우수하게 하는 등 긍정적인 측면이 많은데 간격을 줄이기 위해 고려해야 할 사항은 다음과 같다.

첫째, 원활한 커뮤니케이션, 즉 소통은 기본적으로 신뢰가 바탕이 될 때 가능한 것이다. 소통 문제를 해결하기 위해 경영자들은 현장경영이나 계층별 간담회 등을 실시하는데, 보여주기 위한 쇼가 되어서는 안 된다. 그러면 권력간격은 줄어들지 않고 간담회 등이 오히려 불편한 자리가 되고 만다. 회의나 조회 시 직원들이 어디에 가장 먼저 앉고 싶어 하는지 관심 있게 지켜보자. 앞자리는 어차피 간부들이 앉는다고 생각하고 직원들 사이에 뒷자리 쟁탈전이 일어난다면 분명 문제가 있다고 생각을 하자.

둘째, 소통이 안 되는 원인이 무엇인지 파악하기 위해 너무 자주 설문조사를 실시하면 설문 피로가 생기고 왜곡된 결과를 초래하기 쉽다. 청렴도가 낮은 공공기관들이 원인과 대책을 세우기 위해 내부통신망 등을 이용해 자주 설문조사를 실시하는데 응답자들이 본인의 직급이나 설문내용을 실제와 다르게 답변하기도 한다. 이로 인해 나타난 왜곡된 결과를 바탕으로 대책을 세우다 보니 직원들은 쓸데없는 일만 가중된다는 불편함을 토로할 때도 있다. 이처럼 조사 빈도가 많아지면 피로도만 높이고 실제 활용이 곤란해지기도 한다.

셋째, 조사 등을 통해 점수화하는 것을 경계해야 한다. 목표를 세우는 것은 긍정적인 측면도 많으나 지나치게 점수에 집착하면 간부들이 부하직원들에게 임무를 부여하게 되고 구성원들의 진실한 내용을 듣기 어렵게 된다. 따라서 점수보다는 개선에 우선적인 중점을 두는 것이 중요하다.

넷째, 전담조직만 책임지는 형태보다는 리더가 직접 나서 문화를 형성하는 것이 바람직하다. 안전도 안전전담부서의 일이라고 생각하는 순간 안전은 확보되지 않는 것과 같다. 일례로 안전 확보를 위한 성과지표(KPI)를 설정할 경우 안전담당 임원만의 성과지표로 설정할 것이 아니라 현업부서의 장에게도 지표를 부여하고 관리할 때 성공할 수 있다.

　선거철이 되면 입후보자들이 평소와 달리 대중교통을 이용하는 모습이나 재래시장을 방문하여 상인들과 악수하는 장면을 볼 수 있다. 유권자들에게 본인은 특권층이 아니며 간격이 적다는 것을 보여주기 위함인데 선거가 끝나고 얼마 지나지 않아 예전의 모습으로 돌아가는 것을 보고 실망감을 감추지 못하는 경우가 많다. 이렇게 해서는 결코 간격을 줄일 수 없다. 기업에서 간격을 줄이기 위해서는 최고경영자나 부문(부서)별 간부직원들이 간격을 줄이기 위한 활동이나 제도를 직접 관장하고, 분명하고 일관성 있게 시행하며 필요한 곳으로 직접 가서 경청하는 것이 필요하다.

5 데이터 기반의 안전을 추구하라

"뭣이 중헌디, 뭣이 중허냐고?" 2016년의 영화 <곡성哭聲>에 나오는 대사이다. 실제로 무엇이 먼저이고 중요한지 결정할 것을 안다는 것은 일을 잘 처리할 가능성이 높다는 것이고 역량이 있다는 것이다.

최근 유통업계에서는 SNS 등을 통해 고객 관련 자료를 수집할 기회가 많아짐에 따라 과거 개인신상정보(이름, 성별, 연령 등)와 구매내역 같은 통합고객정보를 바탕으로 맞춤형 메시지를 보내고 있다. 즉 "○○ 님, 구매하신 상품의 주문이 완료되었습니다."와 같은 개인화된 이메일 마케팅에서 한 걸음 더 나아가 향후 필요한 상품을 예측해 실시간으로 소비자와 소통하는 수준으로 진화하고 있다. 이처럼 실시간으로 소비자의 상황과 맥락을 이해하여 궁극적으로 고객의 니즈를 예측해 이에 정확히 맞춘 서비스와 상품을 제공하는 기술을 '초개인화 기술'이라고 한다.

초개인화 기술은 빅데이터를 기반으로 각 개인의 프로파일을 개발한 후 해당 프로파일에 관련 콘텐츠를 입력하여 제품을 권장하는 등 다양한 목적으로 활용될 수 있다. 이 기술의 특징은 모든 개인을 상황별로 구체화하고 더 자세히 접근하는 것이며 궁극적으로 회사가 개별 소비자에게 얼마나 세심하게 맞출 수 있는지가 핵심이다. 초개인화 역량은 제품과 서비스의 전체 제조과정에서 소비자의 데이터를 얼마나 갖고 있는가, 그 데이터를 얼마나 정교하게 분석하는가에 따라 기업과 소비자의 친밀한 상호작용을 현실적으로 가능하게 한다.

'아마존은 0.1명 규모로 세그먼트를 한다.'는 말처럼 디지털 세계의 소비자는 한 명의 고객이 아니고 한 명이 갖고 있는 다양한 특징을 드러내는 개인화를 위해 기업은 고객 접점에서 분석 가능한 모든 데이터를 수집하고, 이를 AI 알고리즘을 통해 분석한 후 다양한 미디어를 통해 상호 커뮤니케이션 할 수 있어야 한다. 초개인화 기술은 궁극적으로 개개인의 고유한 니즈를 예측해 서비스와 상품을 제공하는 것이 목표다.[10]

---

10) 김난도, 『트렌드 코리아 2020』, 김영사, 2019.

이처럼 기업은 시장에서 살아남기 위해 단순한 개인화부터 소비자의 라이프사이클·날씨·요일 등 외부적 변수와 구매 맥락까지 고려하여 소비자와 상호 커뮤니케이션 하고 있다.

산재예방을 위한 빅데이터 구축 필요

그렇다면 안전 분야는 어떤 데이터를 수집하고 활용하고 있는가? 산업안전보건과 관련하여 공식적으로 생산하는 통계는 산재보험 기반의 산업별 재해자, 사망자 등을 분석한 '산업재해현황통계', 취업자 위험요인 노출 정도, 작업환경 위험요인 인과관계 등을 파악하기 위해 가구를 대상으로 실시하는 '근로환경조사', 근로자 특수건강진단 자료를 수집·분석하는 '근로자건강진단결과통계', 사업장의 화학물질·위험기계기구, 유해작업환경요인 등을 조사하는 '작업환경실태조사' 등 8개가 있다.

또한 최근 10년간 안전보건공단에서 데이터 분석을 통한 연구사례를 살펴보면, 산업현장의 사고사망 감소를 위해 사고사망 원인분석에 기초한 데이터 중심의 과학적 접근을 위한 「중대재해 유형별 현황분석 연구」(2019), 기업에서 발생한 산업재해가 생산 차질, 기업이미지 하락, 노사관계 악화 등을 발생시켜 영업이익액, 매출액 등 경영성과에 미치는 영향을 분석하고 산업재해가 발생한 기업이 다음 해에 산재발생 확률이 높다는 특성을 연구한 「산업재해가 기업 성장, 수익성 등 재무제표에 미치는 영향분석」(2019), 연도별 재해발생과 사업장 특성(신규생성, 규모, 업종비율, 산재보험 범위, 도시집중도), 노동력 특성(성별, 연령, 종사상 지위, 이직비율, 외국인, 근로시간) 등 연도(월)별 재해발생에 영향을 미치는 경제·사회지표의 연관성을 분석한 「제1~4차 근로환경조사 시계열 분석을 위한 기초연구」(2015), 근로자의 사회·인구학적 특성, 근로시간 특성과 근로시간으로 인한 근로자의 건강문제, 사고경험, 사고 및 질병으로 인한 결근경험, 근로시간으로 인한 가정생활 영향을 파악한 「근로시간이 근로자의 건강 및 사고에 미치는 영향연구」(2011) 등이 있으나 재해발생에 미치는 영향요인을 분석하여 사고가 나기 전에 예방하는 분석은 다소 미흡함이 있는 것으로 볼 수 있다.

개별 기업의 경우 산업안전과 관련한 통계분석은 재해율,[11] 연천인율,[12] 도수율,[13] 강도율,[14] 종합재해지수[15] 등이 많이 활용되고 있고, 기업에 따라 차이는 있으나 성별, 연령별, 고용형태, 근무형태, 근속기간, 재해발생시기, 상해종류, 상해부위, 작

---

11) 산업재해율(産業災害率)=(재해자 수÷근로자 수)×100.

12) 연천인율(年千人率)=(재해자 수÷연평균 근로자 수)×1,000.

13) 도수율(F.R.: Frequency Rate of Injury)=(재해발생 건수÷연 근로시간 수)×1,000,000.

14) 강도율(S.R.: Severity Rate of Injury)=(근로손실 일수÷연 근로시간 수)×1,000.

15) 종합재해지수(F.S.I.: Frenquency Severity Indicator)= $\sqrt{도수율(F.R) \times 강도율(S.R)}$

업내용, 직접원인, 간접원인 등을 분석하여 활용하는 측면이 있다. 이런 데이터 분석은 나름의 의미 있는 분석일 수도 있겠으나 사고를 예측하고 대책을 세우는 데에는 한계가 있을 것이다. 만약 산재예방과 관련되는 데이터들이 기업의 수익과 연관 있었더라면 아마도 데이터 수집부터 분석, 활용에 많은 발전이 있었을 것이다. 예를 들면 날씨, 노동조합 가입률, 종사상 지위, 정규직과 비정규직, 건강상태, 경영성과, 근로자의 행동특성에 미치는 요인(유전적·신체적 특성과 같은 생물학적 원인, 개인의 인지·심리·정서적 원인, 교육 등과 같은 사회구조적 원인, 문화적 가치나 생활양식 등) 등의 디테일한 분석을 통해 예방대책을 수립하였을 것이다.

사업장 특성에 맞는 데이터 분석 정보 제공

유통업체들은 개개인들의 인스타그램에 '좋아요'를 누른 브랜드를 정확히 알고 있고, 개개인이 언제 무엇을 구매하여 언제 재구매가 이루어질 것인지를 예측하여 할인쿠폰을 보낸다. 내가 자주 애용하는 페이스북 등에 개개인이 구매한 물품 등의 광고를 표출한다. 이처럼 산업안전의 문제도 데이터화 하고 해당 데이터의 정교한 분석을 통해 정보가 노동자들에게 전달되도록 하여야 한다.

　데이터를 어떻게 수집할 것인가의 문제는 우선 사고사례를 통해 위험요인을 데이터화 하는 것이 필요한데 과거보다 좀 더 구체적이어야 한다. 과거의 사고조사보고서에 나타나는 데이터(정보)들은 대부분 사고예방에 중점을 두었다기보다는 법령위반에 대한 처벌 중심으로 작성되어 있다. 법령위반에 대한 정보도 중요한 요소이긴 하지만 사고가 일어난 원인이 기술상의 문제인지, 관리상의 문제인지 더 나아가 경영상의 문제인지 등 세부원인을 데이터화 하고 정보화하여 사업장에 전달·활용되어야 한다. 이러한 데이터는 개별사업장의 입장에서 수집하는 것이 불가능하므로 정부와 공공기관에서 시스템을 구축하는 것이 필요하며, 개별사업장에서는 사업장에서 보유한 위험기계·기구별 위험요인, 화학물질정보, 사고사례, 노동자 개인별 건강상태, 날씨 등과 정부와 공공기관에서 제공되는 데이터를 사업장 특성에 맞게 분석한 정보를 노동자들에게 제공해야 할 것이다.

　최근 기업에서는 IoT를 활용한 스마트 안전장구를 개발하여 활용하고 있다. 시작단계이기는 하지만 조금 더 관심을 가진다면 우리가 생각하지 못한 예방에 활용할 많은 데이터를 확보할 수 있을 것이다. 이제 산업안전 분야에서도 마케팅에서 활용되는 것 이상으로 모든 노동자의 업무상황별 위험요인을 구체화하고 세심하게 분석하여 회사 정문을 통과하면 개인별로 오늘

할 일에 대한 위험요인과 작업방법 등 구체적인 정보와 행동요
령 같은 정보가 전달되고, 해당 위험시간에 안전순찰이 이루어
지는 그런 날들이 빨리 오기를 기대해 본다.

6 정보의 비대칭성을 줄여라

    구글Google에서 '정보'라는 단어를 입력해 보면 국어사전에 나오는 정보의 의미부터 각종 백과사전에 나오는 정보에 대한 의미와 해설, 정보공개포털을 비롯한 각종 웹사이트가 나오고 관련 검색어로 정보 삼국지, 정보 엔트로피, 정보기술, 정보의 중요성, 정보통신 등 수많은 것이 검색된다. 무엇부터 찾아봐야 할지 너무나 많은 정보에 잠시 어리둥절해지기도 한다.

    이럴 때 우리는 정보의 홍수 속에서 살아가고 있다는 것을 실감하게 된다. 이제는 정보가 부족해서가 아니라 너무 많아서 문제가 되는 것이다. 조선일보 격주간지 『WEEKLY BIZ』의 「전 세계

서 하루 생산되는 데이터, 해리포터 책 6,500억 권 분량… '최고
데이터책임자(CDO)' 속속 신설하는 기업들」이라는 제하의 기
사(2018. 10. 5.)를 보면 '지난해 기준 전 세계서 생성되는 데이
터의 양은 2.5엑사바이트(EB: 1EB는 약 10억 기가바이트)에 달
했다. 해리포터 책 6,500억 권에 육박하는 양이다. 방대한 양의
데이터를 수집·보관·분석하는 일은 기업의 핵심 과제로 부상
했다.'고 한다.

현대사회를 살아가는 우리는 인터넷 등 정보통신기술(ICT:
Information Communication Technology)의 발달로 세계 어디서
든 동일한 정보를 손쉽게 획득하고 공유할 수 있게 되었으며 인
터넷과 모바일 기기를 통해 실시간으로 소통하고 있다. 정보통
신기술의 발달은 개인의 일상생활뿐만 아니라 기업의 제품 생
산, 정치, 경제, 사회 등 여러 분야에 걸쳐 영향을 주고 있으며
정보의 중요성은 아무리 강조해도 지나치지 않다.

우리가 살아가는 실생활에서도 각종 데이터를 활용하고 분석
해 가치 있는 정보가 창출되고 고객이 요구하는 서비스를 제공
한다. 서울시에서는 심야시간 택시가 가장 붐비는 노선에 심
야버스를 배치하고, 명절 전후 지하철을 연장 운행한다. 유통
업계와 카드사는 위치정보나 구매이력 등을 결합하여 소비자
가 원하는 장소로 안내하는 등 그 유용성은 점점 높아지고
있다.

'레몬시장'은 왜 실패하는가

시장에서의 가격은 수요와 공급이 만나는 지점에서 결정된다. 이런 시장을 완전경쟁시장이라고 하는데, 동일한 상품에 대해 다수의 수요자와 공급자가 있고 각 개인은 상품의 가격에 대해서 완전한 지식(정보)을 가지며, 진입장벽이 없어야 하는 등 몇 가지 전제가 있다. 그러나 현실세계에서는 시장에 대한 완전한 정보를 가지지 못하며 정보의 비대칭성이 발생한다. 정보의 비대칭성(information asymmetry)은 경제적 이해관계를 가진 당사자 간에 정보가 한쪽에만 존재하고 다른 한쪽에는 존재하지 않는 상황을 말하는데, 이 같은 상황은 보험회사와 보험가입자 사이, 주주와 경영자 사이, 고용주와 피고용인 사이 등 여러 유형의 관계에서 발견할 수 있다.[16]

2001년 노벨경제학상 수상자인 조지 애컬로프George A. Akerlof 교수는 1970년 논문 「레몬시장(The Market for Lemons: Quality Uncertainty and the Market Mechanism)」에서 구매자와 판매자 간 거래대상 제품에 대한 정보의 비대칭성으로 인해 중고차 시장에는 복숭아(우량차량)는 사라지고 레몬(불량차량)만 남게 되고 결국 거래가 실종되어 시장 실패가 발생하게 된다고 하였다. 예를 들면 중고차시장에서 거래를 할 때 판매자는 차가 사고가

---

16) 박은태, 『경제학 사전』, 경연사.

있었는지, 고장으로 인해 수리는 얼마나 했는지 등에 대해 잘 알고 있지만 구매자는 이러한 정보를 알기가 어려운 상황이 발생되어 판매자와 구매자의 정보의 비대칭성이 발생한다. 여기서 말하는 비대칭적 정보는 거래대상 정보에 숨겨진 정보(hidden information)로 인한 구매자와 판매자 간 비대칭을 말한다. 이럴 경우 시장에는 높은 품질의 상품과 낮은 품질의 상품이 공존하고 이러한 품질을 해당 상품 판매자는 알지만 구매자는 모르는 경우 시장가격은 높은 품질과 낮은 품질 중간 정도에서 책정된다. 높은 품질 상품의 소유자는 손해를 보면서 시장에 상품을 내놓을 유인이 없어지고 결국 시장에는 낮은 품질의 상품만 남게 된다. 잠재적 소비자들도 이러한 결과를 예측하게 되어 시장에서는 거래가 없어지고 시장 실패에 이르게 된다는 것이다.

요즘 인터넷이 발달하면서 온라인을 통한 중고 물품거래가 많이 이루어지고 규모 면에서도 상당한 비중을 차지하고 있다. 구글 플레이는 2019 올해의 베스트 앱에 '당근마켓'을 선정했다고 발표했다. 당근마켓은 '당신의 근처에 있는 마켓'의 줄임말인데 당근마켓이 기존의 온라인 기반 중고거래 플랫폼에 비해 인기가 있는 이유는 사용자들의 생활기반에 근거를 두고 있어 품질이 좋지 않은 상품을 비싸게 팔 것이라는 생각을 하지 않는, 즉 정보의 비대칭성이 낮다는 점이다. 또한 시간과 장소의 편리성, 현장에서 상품을 보고 현금거래가 가능한 점 등을 꼽을 수 있을 것이다.

최근 몇 년간 우리나라의 안전시장이 건전하게 발전하고 있는가를 생각해 보면 우려스러운 일들이 적지 않다. 산업재해를 예방하기 위해 기업에서는 안전보건 전문기관을 통해 안전보건 진단이나 교육, 안전관리대행, 컨설팅 등을 실시하고 있는데 대부분 기업에서 최저가 낙찰제 결정 방식을 도입하고 있기 때문이다. 안전보건기관에서는 기업에 대한 정보도 부족한 상태에서 요구하는 내용 파악 없이 우선 낙찰을 받기 위해 가격경쟁이 이루어지는 형태로 진행되는 것이다. 결국 안전보건에 대한 내용의 질적 향상보다 가격에 맞춘 서비스가 제공되어 서비스 질이 저하되고 시장 작동이 원활하게 이루어지지 못하는 결과를 초래하고 있다.

이 같은 시장에서의 정보 비대칭성 문제를 해결하기 위하여 1998년 1월 미국 로스앤젤레스 카운티는 음식점의 위생등급 카드를 식당 입구에 게시하는 것을 의무화하여 위생상태가 개선되고 위생 당국의 검사 점수도 상향된 것으로 나타났다.[17] 온라인 거래에서도 상품을 직접 볼 수 없기 때문에 판매자의 상품 품질에 대한 구매후기, 리뷰 등의 평가가 개선에 도움을 준다.

---

17) 김규일, 「'경제학술 핫코너' 정보비대칭성과 시장의 진화」, 조선BIZ 2016. 5. 23.

노동자에게 구체적이고 정확한 정보 전달

산업안전보건과 관련하여 정부에서도 정보공개의 중요성을 인지하고 산업안전보건법에도 이러한 내용들이 반영되어 있다.[18]

개별기업에서 사업주와 노동자 사이에 정보의 비대칭성은 안전에 어떤 영향을 미칠까? 일선기관에 있으면서 중대재해가 발생한 사업장의 사업주와 면담할 기회가 있을 때 안전에 대해 관심이 많은지 질문을 하면 대부분의 사업주들은 관심이 많다고 한다. 안전에 대해 실제로 어떻게 하는지 질문을 또 하면 항상 조심하라고 한다는 답변이 돌아온다. 이것은 안전에 관심을 가지는 것도 아니고 정보를 제공하는 것도 아니다.

경상도 사투리에 '가가 가가'라는 말이 있다. 다른 지역의 사람들이 들으면 도대체 무슨 말인지 알 수가 없다. 글로 표현하면 정확히 전달하기 어려운 측면이 있다. 성조聲調를 더해 발음해야 한다. 이 말은 '그 아이가 그 아이니?'라는 뜻이다. 나는 이

---

18) 사업주는 산업안전보건에 관한 중요 사항을 심의·의결하기 위하여 근로자·사용자 동수로 구성되는 산업안전보건위원회를 설치·운영하고 회의결과를 근로자에게 신속히 알리도록 함(법 제24조), 안전보건관리규정을 작성·변경할 때에는 산업안전보건위원회의 심의·의결을 거쳐야 하고 산업안전보건위원회가 설치되지 아니한 사업장은 근로자 대표의 동의를 얻어야 함(법 제2장), 사업주는 법과 명령의 요지를 상시 각 사업장에 게시·비치하여 근로자로 하여금 알게 해야 하고 산업안전보건위원회 또는 노사협의체가 의결한 사항, 안전보건진단 결과, 안전보건개선계획 수립·시행을 명령 받은 경우 그 수립·시행에 관한 사항, 도급인의 이행 사항, 물질안전보건 자료의 작성·비치에 관한 사항, 작업환경측정에 관한 사항 등에 대해 근로자 대표가 내용 및 결과를 통지할 것을 사업주에게 요청하면 사업주는 성실히 응해야 함(법 제34조 및 제35조), 기계·기구 등의 대여자 등의 조치(법 제81조), 물질안전보건자료의 작성 및 제출 등(법 제110조 내지 제116조).

러한 뜻을 충분히 알고 있으니 듣는 사람도 당연히 알 것으로 생각하고 전달·지시한다면 현장에서는 당연히 문제가 발생할 수밖에 없다.

안전보건공단 자료에 의하면 2014부터 2018년까지 제조업에서 발생한 사고사망자의 30.7%가 끼임 사고이고, 끼임 사망자의 56.5%가 비정형작업[19]에서 발생하며, 정비·수리·점검 등의 작업 도중 타 근로자가 기계를 작동시켜 사망하는 경우가 16%에 이르고 있다. 이러한 사고는 아주 단순하면서도 정보의 비대칭성과 관련이 있다. 사업장에서는 설비를 항상 정상, 양호한 상태로 유지하기 위하여 예방보전을 실시하고, 고장이 발생한 이후에는 시스템을 원래 상태로 되돌리기 위해 사후보전을 실시한다. 보전[20]을 실시할 때는 반드시 '○○설비는 ○월 ○일 ○시부터 ○시까지 보전이 이루어짐'을 전 직원뿐만 아니라 그날 사업장에 출입하는 모든 사람들에게 공유해야 한다. 실제 보전에 참여하는 인원에게만 정보를 공유하는 경우 위의 통계와 같은 사고가 발생하게 된다.

필자도 사고가 발생한 사업장에서 면담을 할 때 '왜 스위치를

---

19) 작업조건, 방법, 순서 등 표준화되어 있는 반복성 작업이 아닌 작업의 조건 등이 일상적이지 않은 상태에서 이루어지는 정비·수리·점검·교체·조정·청소 등의 작업을 말함.

20) 설비 또는 제품의 고장이나 결함을 회복시키기 위한 수리, 교체 등을 통해 시스템을 사용 가능한 상태로 유지시키는 것.

작동시켰는지 모르겠다.'는 말을 듣는 경우가 있는데 구체적인 정보가 정확히 전달되었는지 생각해 볼 일이다. 정보의 비대칭성을 줄이고 구체적이고 정확한 정보가 전달될 때 사업장 안전도 확보됨을 잊지 않기 바란다.

02

안전은
전략적이어야 한다

1 속도가 아무리 빨라도 방향이 틀렸다면 간격만 벌어질 뿐이다

『인생은 속도가 아니라 방향이다』는 임마누엘 페스트라이쉬 Emanuel Yi Pastreich의 책 제목이다. 사실 이공계 출신이라면 속도(speed)는 이미 방향에 대한 정보를 담고 있기 때문에 속력이 더 옳은 표현이라는 것을 알 것이다. 우리가 어느 목표 지점을 향하여 나아갈 때 도달하는 방법은 여러 가지가 있을 것이다. 지름길로 가는 방법, 돌아서 가는 방법, 빨리 가는 방법, 천천히 가는 방법 등등. 만약 A지점에서 출발하여 직선인 B목표지점까지 빨리 도달하는 방법은 방향이 정확하다면 속도가 좌우할 것이다. 속도가 아무리 빨라도 방향이 잘못되었다면 목표에 도달하는 거리는 더욱더 멀어질 뿐이다.

기업이 지속 가능하기 위해서는 늘 '우리는 어디에 있는가?

우리는 어디로 가는가? 목표하는 곳에 어떻게 도달할 것인가?'
를 고민해야 한다. 이를 다른 말로 표현하면 경영전략 수립이
될 것이다. 경영전략은 왜 필요한가? 요즘 기업의 경영환경은
눈 깜짝할 사이에 바뀔 정도로 속도가 엄청나다. 트렌드 변화주
기와 신제품의 출시주기가 짧아지고, 인공지능, 사물인터넷 등
과 같은 신기술의 등장과 치열한 경쟁에 적응하지 못하고 시장
에서 사라져 버리는 기업을 쉽게 목격할 수 있다. 이처럼 급변
하는 환경변화에 대응하고 생존하기 위하여 기업은 경영전략을
수립하고 실행하는 것이 필수 불가결한 요소가 되었다. 경영전
략은 기업의 미래 방향을 제시하고 경영목표 수립과 경영목표
의 달성 가능성을 평가할 수 있는 척도가 되며, 모든 구성원들
이 미래의 비전을 공유토록 하여 공통의 지향점을 가지게 한다.
또한 기업의 여러 가지 의사결정을 할 때 지침과 기준으로서의
역할을 하게 된다.

경영전략은 크게 전체전략, 사업전략, 기능전략으로 나눌 수
있는데 전체전략은 기업의 비전과 목표, 사업 영역의 책정, 사
업 간의 우선순위 결정 및 효율적인 자원배분의 문제를 다룬다.
사업전략은 각각의 사업 분야에 획득·배분된 자원을 기초로
어떻게 경쟁우위를 확보할 것인가를 결정하며, 기능전략은 구
매, 생산, 마케팅, 인사 조직, 재무 및 안전보건 등 기능별 상호
연관성을 고려하여 기능 분야별로 전략을 마련하는 것이다.

경영전략의 수립 절차는 기업의 존재 이유와 미래에 도달하고 싶은 비전 수립, 비전 달성을 위한 목표 설정, 외부환경 분석과 내부자원 분석(조직분석)을 통한 전략 수립 및 실행, 평가 및 피드백으로 이루어지며 자세한 내용은 다음 <표>와 같다.

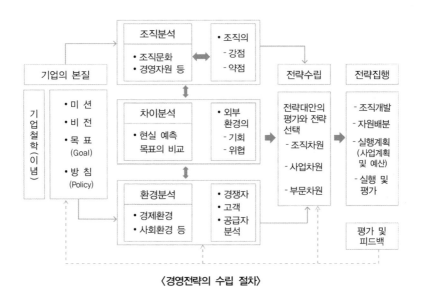

〈경영전략의 수립 절차〉

기업의 경영전략에 안전보건 경영이념 포함

최근 기업인들도 전략이나 경영기법, 시스템 등에 대해 최첨단 지식으로 무장하고 사고방식도 글로벌화되어 있어 기업의 경영전략에 대한 설명을 들어보면 모두가 같거나 비슷한 것으로 착각을 일으킬 정도다.

안전도 마찬가지이다. 각 기업에서 안전과 관련한 전략이나 활동들을 살펴보면 대개가 비슷비슷하다. 과거 기업 경영자들은 '우리는 당장 돈 되는 일을 한다.' '안전은 왜 하는가? 그럴 돈 있으면 생산설비에 더 투자하겠다.'고 하는 등 비윤리적인 것들을 경영자의 표상인 양 내세우던 시절도 있었다. 그러나 지금은 사정이 달라졌다. 물론 안전을 위해서 사업을 하는 기업인은 없다. 안전은 사업을 하는 과정에서 원하지 않게 발생하는 사고나 잠재되어 있는 위험요인을 찾아 사전에 사고를 예방하기 위한 것이다. 전략 수립과정을 생각하면서 우리 회사는 잘 하고 있는지 하나하나 살펴볼 필요가 있다.

경영전략은 앞에서 말했듯이 기업이 나아갈 방향성을 제시한다. 이 방향성은 비전과 목표에 담겨야 한다. 비전과 목표는 일반적으로 핵심 가치와 경영이념을 포함하게 되는데, ISO 45001이나 KOSHA-MS 안전보건경영시스템을 도입하고 있는 기업들을 살펴보면 안전보건경영시스템에서 요구하는 경영방침에는 대표이사나 공장장의 서명을 받아 방침으로 확정하고 있으나 기업 전체의 핵심 가치나 경영이념에서는 안전보건과 관련된 것들이 없는 경우가 많이 있다. 그러면 노동자들은 어느 방향인지 의구심이 들 수밖에 없고 형식적이라는 생각을 지울 수가 없다.

외부환경 분석은 정치, 경제, 사회, 기술 등의 분석을 통해 기회·위협요인을 분석한다. 최근의 외부환경을 보면 태안화력,

이천물류창고 화재사고 등으로 안전에 대한 경각심이 높아지고 정부의 정책 방향도 규제를 강화하는 쪽으로 나아가고 있어 기회요인보다는 위험요인이 훨씬 커지고 있는 상황이다.

내부자원 분석(조직분석)은 인적·물적 자원 등에 대한 강점과 약점을 분석하는데, 대다수의 기업들이 산업안전보건법령에서 요구하고 있는 수준을 벗어나지 않는다면 약점으로 분석하는 경우는 거의 없다. 법령에서 요구하는 수준은 최저수준임을 명심하여야 한다.

안전관리 기법에 대한 명확한 이해 선행

전략이 수립되면 전략실행을 위한 실행계획 등을 수립하고 목표 달성을 위해 각종 안전관리기법과 안전활동을 하게 되는데, 매년 7월 개최하는 산업안전보건강조주간에 우수사례를 발표하는 기업들을 보면 안전관리기법이나 활동들이 비슷비슷하다. 때로는 저렇게 많은 기법과 활동을 정상적으로 실천한다면 과연 '생산에 지장이 없을까?' 라는 생각이 드는 경우도 있다.

안전에 대한 경쟁력 향상과 목표 달성을 위해 안전관리 기법이나 활동의 도입과 추진에 속도를 내는 것도 중요하지만 이에 대해 근본적이고 명확한 이해가 먼저 필요하다. 기법이나 활동은 안전관리의 목표를 달성하기 위한 하나의 도구에 불과하다.

73

경쟁기업이나 안전관리 우수기업에서 하는 기법이나 활동을 방향성에 대한 검토 없이 속도를 내기 위해 여과 없이 받아들인다면 골프경기에서 골프 스윙의 기본원리에 대한 이해 없이 유명스타가 사용하는 골프채를 그냥 사용하는 것과 다를 바 없다. 골프를 잘 치기 위해서는 골프 스윙에 대한 전략적 방향, 즉 기본원리를 잘 이해하고 자신의 신체조건에 가장 잘 맞는 골프채(기법이나 활동)를 선택해야 좋은 스코어를 낼 수 있고 롱런할수 있는 것이다.

미국의 심리학자 윌리엄 제임스William James는 '금세기 위대한 발견은 물리학이나 과학이 아니라 사람이 생각을 바꿀 때 그 사람 인생 전체가 바뀐다는 사실을 발견한 일'이라고 말했다. 우리가 무엇을 하고자 할 때 대부분의 사람들은 한 번에 빠른 변화를 추구하고자 한다. 그러나 자동차의 핸들을 급격히 조작하면 전복사고가 일어나는 것처럼 안전관리에 대한 방향성 없이 속도만 냈다가는 목표 지점에 도달하는 거리만 멀어질 뿐이니 전략적 방향을 명확히 설정하고 속도를 낼 때 목표에 도달하는 시간을 줄일 수 있을 것이다.

2 경영철학이 현장에 스며들고 실천하게 하라

큰 사고가 난 후 사업장의 최고경영자나 경영진이 언론과의 인터뷰나 사과문을 발표할 때 '일어나서는 안 되는 일이 발생하여 송구스럽게 생각하며 다시는 사고가 일어나지 않도록 안전제일을 경영의 최우선 가치로 정하고 조직과 예산을 집중적으로 투입하여 다시는 사고가 반복되지 않도록 하겠다.'고 다짐하며 고개를 숙이는 모습을 가끔 보게 된다. 여기에는 사고가 일어난 것에 대한 진정성 있는 사과로 유가족에 대한 미안함과 위로, 앞으로 안전관리를 잘 하겠다는 결의 등 여러 가지 뜻이 내포되어 있을 것이다. 발표장에는 여러 참모가 있음에도 불구하고 질문은 최고경영자에게 집중된다.

최근 기업의 내·외부 경영환경이 변화하면서 안전경영에 대한 관심과 경영전략의 일환으로써 안전경영을 실천하고자 하는 분위기도 과거에 비해 상당히 높아졌다. 그러나 우리나라는 과거 압축적인 경제성장을 이루어낸 저력은 인정받고 있으나 압축 성장 과정에서 안전에 대한 가치관보다 결과 지향적 가치관을 중시하는 경영마인드와 조직문화로 안전관리에 대한 불신이 여전히 남아 있는 것도 사실이다.

기업이 태동하고 성장하면서 많은 기업에서 10주년, 20주년 등을 기념하여 변화하는 경영환경을 반영하고 조직이 달성해야 할 목표와 미래상을 제시하는 비전전략을 선포하고 대내·외적으로 홍보도 많이 하는 것을 볼 수 있는데, 과거와 달리 비전이나 핵심 가치 등에 안전경영, 안전제일, 안전 최우선 등 안전에 대한 내용도 많이 포함되고 있는 추세이다. 비전이나 핵심 가치, 경영이념 등은 경영철학이며, 조직 구성원들이 어떤 행동을 하거나 의사결정을 할 때 판단의 기준과 방향성을 제시하는 것으로 점차 안전이 경영철학에 자리매김하고 있음을 알 수 있다.

기업이 성장하는 과정을 보면 벤처기업이나 신생기업들은 창업자나 리더의 능력에 의해 경영이 좌우되는, '사람에 의한 경영'이 이루어지고 기업의 규모가 커지면 사람이 관리할 수 있는 능력의 범위를 벗어나기 때문에 각종 프로세스나 규범, 제도가 만들어지면서 '시스템에 의한 경영'이 이루어진다. 그런데 시스템에 의한 경영은 경영환경이 급속하게 변화할 때 신속하게 대응하는 것이 어려워지고 관료주의로 흐를 가능성이 높아진다. 그래서 기업이 성장하고 발전하면 조직 구성원들이 기업이 추구하는 경영철학에 따라 자율적으로 의사결정을 내리고, 조직이 가치 있다고 인정하는 바에 따라 행동하고 일관성 있게 추진해 나가는 '문화에 의한 경영'이 이루어지는데 경영철학의 중요성과 조직문화를 강조하는 이유도 여기에 있다.

알코아와 듀폰의 경영철학

세계 최대 알루미늄 회사인 알코아Alcoa가 위기에 처했을 때 새로 부임한 CEO 폴 오닐Paul O'Neill은 1987년 10월 미국 월가의 투자자들과 애널리스트들과의 간담회에서 최고의 투자수익을 올리겠다는 말 대신 "매년 알코아에서는 수많은 근로자가 상해를 입고 근로일수를 상실한다. 나는 알코아를 미국에서 가장 안전한 기업으로 만들겠다."라고 천명하고 부임 이후 13년 동안 기업의 가치를 다섯 배 이상 높였다. 글로벌 기업 듀폰Dupont은 '우리는 우리가 사업장을 운영하는 지역사회에서 직원, 협력업체, 고객, 주민들의 안전과 건강을 지키기 위해 개인적·직업적인 책임을 준수한다.'는 안전보건환경을 핵심 가치로 하는 경영철학을 가지고 200년 이상 지속 가능한 경영을 하고 있다.

필자가 안전보건공단에 근무하면서 모셨던 한 이사장님도 부임 후 직원들과의 대화 시 "공공기관 이사장은 직원들에게 임금 인상과 복지향상은 정부의 가이드라인이 있어 한계가 있지만 직원들이 일에 대한 자부심과 자긍심을 가질 수 있도록 일하는 환경을 조성하는 데 최선의 노력을 다하겠다."고 말씀하시고, 비전을 '산재예방 중심·전문기관'으로 정한 적이 있다. 실제로 안전보건공단이 우리나라 산재예방의 중심이며 최고의 전문기관이 되도록 직원들과 함께 고민하고 해결해 나가는 모습을 보면서 직원들도 내가 하는 일들이 우리나라 산재예방의 초석이고 중심이라는 자부심과 최고의 전문가로서 자긍심을 가지고 일하던 모습이 아직도 기억에 생생하다. 행복한 사람은 '행복한 일을 하는 사람'이 아니라, '자기가 맡고 있는 일에서 행복을 찾는 사람'이며, 조직이 추구하는 목표와 개인이 추구하는 목표가 서로 다르다면 갈등하게 되고 스트레스가 심해지니 자신과 조직이 추구하는 가치가 일치할수록 행복지수가 높아지고 성공 가능성이 높다는 말씀을 먼 기억 너머에서 현실로 소환하면서 '경영철학의 중요성과 경영자의 역할은 무엇인가?'에 대해 다시 한번 생각해 보는 계기가 되었다.

경영자(리더)의 역할은 리더십을 바탕으로 조직이 원하는 목표를 달성하는 것이 우선적인 임무일 것이다. 그러기 위해서 경영자는 올바른 판단을 내리고 일을 할 수 있는 환경을 조성해 주며, 비전을 제시하고 지속적인 성과창출과 공정한 평가 및 보

상, 그리고 코치로서의 역할 등을 수행하는 것이 일반적인 역할
일 것이다.

안전보건에 대한 경영자의 역할

안전보건과 관련하여 경영자의 역할은 법적인 사항과 경영시
스템 등에서 요구하는 역할이 있는데 산업안전보건법에서는 사
업주(경영자)의 의무 사항으로 ① 산업재해예방을 위한 기준,
② 근로자의 신체적 피로와 정신적 스트레스 등을 줄일 수 있는
쾌적한 작업환경의 조성 및 근로조건 개선, ③ 해당 사업장의
안전 및 보건에 관한 정보를 근로자에게 제공하는 것을 이행함
으로써 근로자의 안전 및 건강을 유지·증진시키고 국가의 산
업재해 예방정책을 따르도록 하고 있다.

또한 사업주, 공장장 및 건설현장 소장 등 사업장을 실질적으
로 총괄하여 관리하는 안전보건관리책임자는 ① 사업장의 산업
재해 예방계획의 수립에 관한 사항, ② 안전보건관리규정의 작
성 및 변경에 관한 사항, ③ 안전보건교육에 관한 사항, ④ 작업
환경측정 등 작업환경의 점검 및 개선에 관한 사항, ⑤ 근로자
의 건강진단 등 건강관리에 관한 사항, ⑥ 산업재해 원인조사
및 재발방지대책 수립에 관한 사항, ⑦ 산업재해에 관한 통계의
기록 및 유지에 관한 사항, ⑧ 안전장치 및 보호구 구입 시 적격

품 여부 확인에 관한 사항, ⑨ 위험성평가의 실시에 관한 사항과 산업안전보건기준에 관한 규칙에서 정하는 근로자의 위험 또는 건강장해의 방지에 관한 사항을 총괄하여 관리하도록 하고 있다.

한편 ISO 45001 안전보건경영시스템에서는 최고경영자는 ① 안전하고 건강한 작업장 및 활동의 제공뿐만 아니라 작업과 관련된 상해 및 건강상 장해예방을 위한 전반적인 책임과 책무, ② 안전보건 방침 및 관련된 안전보건 목표가 수립되고 조직의 전략적 방향과 조화됨을 보장, ③ 안전보건경영시스템 요구 사항이 조직의 비즈니스 프로세스와 통합됨을 보장, ④ 안전보건경영시스템의 수립, 실행, 유지 및 개선을 위하여 필요한 자원의 가용성 보장, ⑤ 안전보건경영시스템이 의도한 결과를 달성함을 보장하고 인원을 지휘하고 지원하며 문화를 개발, 선도 및 촉진하고 지속적인 개선을 보장하는 등의 역할을 수행하도록 하고 있다.

그리고 사업장 권장 사항인 안전보건기술지침(KOSHA GUIDE) 중 「안전보건 리더십에 관한 기술지침」(G-107-2013)에는 사업주의 역할에 대해 안전보건 문제는 기업이나 조직의 사업을 성공적으로 이끄는 데 있어 매우 중요하기 때문에 사업주는 강력하고 치밀한 리더십을 통해 조직 내에 양호한 안전보건 상태가 유지되도록 노력해야 하며, 근로자를 비롯한 사업 관련자들에 대한 위험요소를 평가하고 안전보건에 관한 계획, 조직, 통제 및 모니터링과 예방 혹은 보호책 등의 마련과 안전보건 문화를 정착시키도록 하고 있다.

산업안전보건법과 안전보건경영시스템 등에서 요구하는 경영자의 역할을 종합해 보면 안전보건에 관한 사항을 경영방침에 반영하고, 즉 경영철학에 안전에 대한 의지표명과 선언을 하고 안전에 관한 계획을 수립하여 실행하고 점검 및 시정조치 하여 지속적인 개선이 이루어지도록 자원을 투입하고 참여하여 안전이 문화로 발전하도록 요구하고 있는 것이다.

경영철학이 문화로 발전되어야

우리나라의 이름 있는 웬만한 기업들은 조직의 비전과 핵심가치를 정해 둔 경영철학을 가지고 있으며 안전보건경영시스템도 도입하고 있다. 중요한 것은 경영철학과 안전보건경영시스템이 문서화되어 있는 것이 아니라 조직의 최상층부터 근로자까지 그것이 추구하는 실제 내용들이 조직 구성원들에게 스며들어 행동으로 연결되고 일관성 있게 추진되어 문화로 발전될 수 있도록 하는 것이다.

안전보건 분야를 포함한 외부경영환경은 끊임없이 변화하고 있다. 외부경영환경이 바뀌지 않는다면 기업도 굳이 변신할 필요성을 느끼지 못할 것이고 생존에도 문제가 없을 것이다. 급변하는 경영환경 속에서 조직이 경영자에게 요구하는 목표는 선제적 변화를 통해 생존하고 지속 가능한 성장을 하는 것이다.

최근 정부의 안전보건정책과 입법 내용 등이 강화되면서 '반기업적인 정책'이라는 말들을 많이 하고 있다. 정부의 정책이 강화되고 있는 것도 사실이고 언젠가 겪어야 될 사안이라면, 앞으로 안전은 기업이 성장해 가는 데 반드시 갖추어야 할 필요조건이라고 생각을 바꾸어야 할 것이다. 반 기업적인 정책이라는 부정적인 생각보다 안전에 대한 기업의 경영환경이 변화하고 있다고 생각하고 적극적으로 대응한다면 어떻게 해야 할 것인지에 대한 해결책이 나오지 않을까 한다.

2016년 경기도 안산에서 중소규모 사업장의 사업주를 대상으로 '안전과 경영'이라는 주제의 강의가 끝난 후 군포의 어느 회사 대표이사가 강의 내용에 대한 고마움의 표시와 함께 이렇게 말했다. "그동안 우리 회사는 인원 모집 광고를 해도 문의하는 인원도 적을 뿐만 아니라 어렵게 채용을 해도 얼마 되지 않아 그만두는 일이 반복되었는데 최근에는 인원 모집 공고를 하면 회사에서 생각했던 것보다 우수한 인원이 지원을 하고 매출 증가도 많아졌다."며 "아직도 그 이유가 뭔지 명확히 모르겠다."는 것이었다. 그래서 그간에 어떤 일들이 있었는지 물어보니 별다른 일은 없었고 공장 주위에 쓰레기가 가득하고 하도 지저분하여 매일 아침 30분 정도 일찍 출근하여 회사 주위를 깨끗이 청소하고 업무를 시작했는데 하루로 끝나지 않고 지속적으로 하다 보니 처음에 반응이 없던 직원들 중 간부들이 먼저 동참을 하고 나중에는 여러 사람이 동참하면서 공론화를 거쳐 회사 내부까지 청소를 한 것이 전부라고 했다. 그 얘기를 듣고 사소함의 중요성, 요즘 젊은이들의 생각, 원·하청 관계에서 신뢰관계가 어떻게 형성되고 매출에 영향을 미쳤을 것인지 등을 설명하며 충분히 있을 수 있는 일이라고 말씀드렸다. 그분께서도 필자의 말에 공감을 했는데 경영자가 추구하는 일들이 어떻게 현장에 스며들게 하고 실천으로 이어지게 할 것인가에 대해 생각해 보게 하는 대목이다.

우리는 어느 부분이 좁아져 원활하지 않은 현상을 병목현상이라고 한다. 병목은 병의 위쪽에 있다. 만약 경영진이 기업의 외부환경 변화와 앞으로 안전보건의 중요성에 대한 인식의 변화가 없다면 핵심적인 장애와 병목현상은 경영진에서 발생하고 조직의 하부에서 발생하는 것보다 경영에 미치는 영향은 훨씬 크고 심각하게 될 것이다. 경영자의 경영철학이 어떻게 현장에 스며들게 하고 실천하게 할 것인지 고민하고 안전관리가 기업의 경쟁력 향상에 도움이 된다는 믿음을 스스로 가져야 할 시점에 와 있다.

3 구체적인 목표를 설정하고 주기적으로 피드백 하라

건설현장에 근무하는 친구로부터 안전보건공단의 "무재해 목표 달성에 대한 인증 제도가 없어지면서 산업안전에 대한 목표가 없어진 것 같아 무엇을 해야 할지 모르겠다."는 이야기를 들은 적이 있다. 무재해운동21)은 사업장의 업종 및 규모별로 무재해 목표 달성 기간을 정해 두고 이 기간 동안 산업재해가 발생하지 않으면 무재해 목표 달성 배수에 따라 안전보건공단 이사장 또는 고용노동부 장관의 무재해목표달성인증서와 공로자에

---

21) 무재해운동은 인간존중의 이념을 바탕으로 사업주와 근로자가 다 같이 참여하여 자율적인 산업재해예방운동을 추진함으로써 안전의식을 고취하고 나아가 일체의 산업재해를 근절하여 인간 중심의 밝고 안전한 사업장을 조성하기 위하여 1979년 9월 1일 노동부 지침으로 시작하여 노동부 고시로 2009년 9월까지 운영함. 그 이후 안전보건공단 규칙인 '사업장 무재해운동 추진 및 운영에 관한 규칙'으로 운영되다 사업장에서 무재해 목표 달성을 위해 산재를 은폐한다는 문제가 국회 등에서 지속적으로 대두되어 2018년 1월 1일부터 무재해 달성에 대한 인증제도가 없어지고 사업장 자율운동으로 전환된 제도임.

대한 표창장을 수여했던 제도이다. 사업장에서도 직원들에게 달성 축하 기념품이나 표창장 등을 수여하여 직원들의 사기 진작은 물론 무재해 목표 달성에 대한 동기부여가 되어 자율적인 산재예방활동을 촉진하는 데 기여하기도 했었다. 그런데 무재해 목표 달성 제도가 없어지면서 회사가 일정 기간 동안 정한 목표도 없어지고 직원들을 독려할 명분도 없어졌으니 제도 부활을 검토할 필요가 있다고 하였다.

이것은 조그마한 예시에 불과하지만 목표가 얼마나 중요한가를 생각하게 한다. 1953년 미국의 예일대 졸업생들을 대상으로 삶의 목표에 대한 조사를 한 적이 있는데 '당신은 인생의 구체적인 목표와 계획을 글로 써놓은 것이 있습니까?'라는 질문에 3%는 인생의 구체적인 목표와 계획을 글로 써놓았다고 했고 나머지 97%는 그저 생각만 하거나 목표가 없다고 답했다. 20년이 지난 1973년 그때의 학생 중 생존자들을 대상으로 경제적인 부유함을 조사한 결과 구체적인 목표가 있다는 3%의 졸업생들이 나머지 97%의 졸업생보다 훨씬 더 많은 부를 가지고 있었다.

하버드 경영대학원에서도 비슷한 연구가 수행되었는데 1979년 하버드 MBA 과정 졸업생 중 3%는 자신의 목표와 그것을 달성하기 위한 계획을 세워 기록했고 13%는 목표는 있었지만 기록하지 않았고 나머지 84%는 목표조차 없었는데, 10년 후인 1989년에 목표가 있었던 13%는 목표가 없었던 84%의 졸업생

보다 평균 2배의 수익을 올렸고 뚜렷한 목표를 가진 3%는 나머지 97%보다 평균 10배의 수익을 올린 것으로 조사됐다.[22] 또한 공식적인 목표 설정을 하고 있는 기업과 단지 비공식적인 목표 설정만을 하는 기업의 수익률을 비교하여 10년 이상 성과를 측정한 결과 체계적인 목표 설정을 하고 있는 기업에서 여러 해에 걸쳐 이익과 소득증가율이 아주 높게 나타난 것을 발견했다.[23]

이처럼 목표 설정은 개인이나 조직에 성과를 향상시키는 중요한 요소이며, 개인이나 조직이 원하는 바를 정확히 알려 주고 지침을 제공하고, 성과와 판단의 기준을 제시하며 나아갈 방향을 제시한다. 목표를 설정하는 것이 효과적이라는 것은 익히 들어온 이야기이고 경영학이나 자기 계발서에도 목표의 중요성에 대해 강조하고 있으며 목표 설정 방법도 잘 알려져 있다.

효과적인 목표 설정 방법

1954년 피터 드러커Peter Drucker는 『경영의 실제(The Practice of Management)』라는 저서에서 목표 설정 방법을 다음과 같이 제시했다.

첫째, 목표는 구체적이어야 한다.(Specific)

---

22) 조선일보, 「'오늘의 에듀레터' 3%만 아는 성공의 비결」, 2014. 1. 17. 재인용.
23) 추헌, 『현대경영학 원론』, 형설출판사, 1997.

둘째, 목표는 측정 가능해야 한다.(**M**easurable)

셋째, 목표는 달성 가능해야 한다.(**A**chievable)

넷째, 목표는 현실적이어야 한다.(**R**ealistic)

다섯째, 목표는 시간적 제한이 있어야 한다.(**T**ime-based)

이것이 바로 영어 첫 글자의 약어로 SMART 목표 설정 방법이다.

많은 기업에서도 목표 설정을 할 때에는 SMART 목표 설정 방법을 많이 고려하여 설정하고 있고 여기에 더해서 도전적인 목표를 설정할 것이다. 목표를 설정할 때는 목표가 주는 여러 가지 장점도 있지만 목표들 간의 상충되는 문제로 인한 갈등, 너무 어려운 목표 부여로 인한 동기유발의 실패, 외적 보상이 너무 클 경우 부정행위의 발생 등 부정적인 측면도 존재하기 때문에 효과적인 목표를 제시하는 것이 필요하다.

효과적인 목표가 되기 위해서는 첫째, 모든 이해관계자들에게 구체적이고 이해 가능해야 한다.

둘째, 측정 가능해야 한다. 측정 가능한 목표는 이해하기 쉽고 성과를 평가, 피드백, 통제할 수 있는 방법을 제시하지만 측정 불가능한 경우는 원하는 결과와 상관없는 활동에 많은 시간을 할애하게 된다.

셋째, 목표를 성취하는 데 필요한 시간구조를 가져야 한다. 아무리 좋은 목표를 설정했다 하더라도 언제까지 달성한다는 기간이 없다면 구체적인 전략을 짜고 자원을 분배하는 데 소홀해질 수밖에 없다.

넷째, 목표는 협의되고 수용 가능해야 한다. 성과를 높이기 위해서는 목표에 대한 충분한 정보를 제공하고 교환하여 협의될 때 수용도가 높아지고 성취의욕을 불러일으킬 수 있으며 목표에 몰입하게 만든다.

다섯째, 규칙적인 피드백은 효과적인 목표에 필수적이다. 목표에 대한 주기적인 중간 점검을 통한 피드백이 제공될 때 진척도를 확인할 수 있고 동기부여가 더욱 강화되며 방향성을 잃지 않고 당초 계획한 목표를 달성할 수 있다.

여섯째, 목표는 현실적이고 간결해야 한다. 목표가 너무 낮아도 일을 설렁설렁하게 되고 성취감을 느끼기 어려우며, 너무 높아도 달성하기 어렵다고 판단하여 도전하지 않고 포기하는 경우가 생길 수 있다. 누구나 목표를 정확하게 인식할 수 있는 간결한 구조를 가져야 한다.

일곱째, 목표는 융통성이 있어야 하고 보상제도와 연결되어야 한다. 직장인에게 '왜 일을 하세요?'라고 질문을 하면 '인생의 의미를 찾기 위해서요.' 또는 '일에 대한 성취감을 느끼기 위해서요.'라는 답변을 들을 수도 있겠지만 대부분은 '먹고살기 위해서요.'라고 답변할 것이다. 따라서 왜 일을 하는가에 대한 요구보다는 현실적으로 어떻게 하면 최선을 다할 것인가에 초점을 맞추는 것이 중요하다. 직장인의 소망으로 최근 들어 워라밸 등이 떠오르기도 하지만 대부분 승진과 높은 임금을 가장 우선순위로 꼽을 것이다. 따라서 목표는 보상제도와 연결될 때 가장 효과를 발휘할 수 있다. 또한 현대사회가 너무 빠른 속도로 변화하고 있고 예측이 어렵기 때문에 변화하는 기업환경에 따라 수정할 수 있어야 한다.

잘못된 목표 설정 사례들

안전에 대한 목표를 실제로 사업장에서는 어떻게 설정하고 있을까?

2019년 자동차 타이어 휠을 제작하는 사업장에서 컨베이어에 의한 끼임 사고로 노동자가 사망하는 사고가 발생하여 사업장을 방문했을 때 현장 입구에 있는 무재해 게시판이 눈에 들어왔고, 사고 원인 등에 대한 대화를 나누다 올해 안전 목표가 무엇인지 질문을 했는데, 주저함이 없이 '무재해가 목표'라고 대답을 했다. 사망사고가 나기 전에도 자주 사고가 있어 실현 가능한 목표인지 되물으니 '우리 회사는 당연히 무재해를 목표로 하고 있다.'는 대답이 되돌아왔다.

또 하나의 사례는 나름대로 안전을 잘 하고 있다고 평가받는 국내 굴지의 대기업에서 사망사고가 발생하여 안전보건활동에 대한 전반적인 사항을 살펴볼 기회가 있었다. 간부직원들에게는 MBO(Management by Objectives) 기반의 연봉제를 실시하고 있었는데, 조직목표와 개인목표를 설정하고 개인목표는 인재관리, 안전관리 등 5개의 KPI(Key Performance Index: 핵심성과지표)를 두고 있었다. 안전관리 분야는 전체 연봉 책정의 비중에서 10%를 차지하고 있었고, 이를 다시 사고유무, 안전개선 등 세부지표로 나누고 있어 그냥 보기에는 문제가 없는 것처럼 보였다.

그러나 성과평가 세부내용을 살펴보니 사고가 있으면 '0점', 사고가 없으면 '100점'을 받도록 되어 있고 안전개선에 대한 부분도 목표 대비 개선이 이루어지면 100점을 받는 구조로 되어 있었다. 목표가 이렇게 부여되어 있다 보니 개선이 필요하지 않은 부분도 평가를 위해 개선이 필요한 것으로 목표를 설정하여 개선을 하고 있었다. 또한 사고의 경중과 상관없이 사고가 나면 '0점'을 받고, 사고가 없으면 모두가 '100점'을 받다 보니 안전관리 분야는 모두가 같은 점수를 받아 사실상 연봉에 영향을 미치지 못하는 구조로 되어 있었다.

이 두 가지 사례에서 보듯이 사고가 빈번히 일어나는 사업장에서 무재해를 목표로 설정하는 것과, 겉으로 보기에는 전혀 문제가 없는 것처럼 보이나 사실상 영향을 미치지 못하는 목표가 합리적이고 효과적인 목표인지 생각해 보지 않을 수 없다.

목표를 잘 세우는 것이 생각보다 쉽지는 않다. 특히 안전관리 분야는 사고를 몇 건 줄이겠다는 목표를 세우거나 무재해가 지속되는 사업장에서도 매년 무재해를 목표로 설정하는 경우도 많이 있다. 사업장에서 무재해를 달성하고 안전문화를 정착하는 것은 궁극적인 목표다. 무재해가 달성되기 위해서는 사업장에 존재하는 잠재위험을 없애고, 위험성평가 시 추정한 위험성이 허용 가능하지 않을 경우 허용 가능한 위험으로 개선하거나 안전 분위기를 측정하는 등 궁극적인 목표 달성을 위한 과정관리의 요소를 목표로 삼는 것을 고민해 봐야 할 것이다.

피드백은 안전행동을 향상시키는 기법

'목표를 무엇으로 할 것인가?'가 결정되었다면 주기적인 점검을 통해 피드백을 하는 것이 중요하다. 피드백은 개인이나 조직이 기대하고 있는 바에 대해 알 수 있게 해주며, 추구하고 있는 목표를 달성하도록 가속화시키기도 하고 지금까지 해 온 일에 대한 정보와 장애요인에 대한 가치 있는 정보도 제공하게 된다.

피드백이 안전행동에 미치는 효과에 대한 연구결과[24]를 보면 피드백은 안전행동을 향상시키기 위한 가장 효과적인 기법 중의 하나로 알려져 있고, 행동을 성공적으로 변화시키거나 유지

---

24) 이계훈·오세진, 「구체적 피드백과 포괄적 피드백이 건설현장 근로자들의 안전행동에 미치는 상대적 효과 검증」, 『한국안전학회지』 제25권 제5호, 2010.

시키는 것으로 나타났다. 일반적으로 피드백 정보가 더 구체적일수록 행동을 더 향상시키는 것으로 알려져 있으나 우리나라 건설현장 근로자들을 대상으로 피드백이 안전행동에 미치는 효과에 대한 연구에서는 구체적인 피드백과 포괄적인 피드백 모두 평균 안전행동을 효과적으로 상승시킨 것으로 나타났다.

일이 잘 풀리지 않고 꼬이기만 할 때 사람들은 '머피의 법칙(Murphy's Law)'이라고 하고 반대로 우연히 좋은 일만 연속해서 일어나는 현상을 '샐리의 법칙(Sally's Law)'이라고 한다. 막연한 행운을 기대하는 것이 아니라 마음속으로 간절히 기원하는 일은 예상치 않은 과정을 통해서라도 반드시 이루어진다는 '줄리의 법칙(Juile's Law)'도 있다. 머피의 법칙과 샐리의 법칙이 우연에 기반을 둔 것이라면 줄리의 법칙은 일종의 경험법칙이다. 안전에 목표를 세우고 간절한 기원과 함께 목표 달성을 위해 행동으로 실천하는 안전활동과 피드백이 수반된다면 기대하는 바를 반드시 이룰 것이다.

4 인력과 예산 없이 안전을 잘 할 수 있다는 것은 하얀 거짓말이다

우리는 상사가 일을 지시하면 흔히 일이 너무 많다거나 인력이 부족하다는 말을 많이 하고 야근을 밥 먹듯이 한다고도 한다. 정부에서도 코로나 사태와 같은 일들이 발생하면 추경을 편성하고 인력의 보충 없이 일을 수행하기 위하여 기존의 인력들이 야근은 물론 휴일까지 출근하는 수고를 하지 않을 수 없다. 그런데 간혹 인력은 그대로인데 업무가 추가되어도 연말이 되면 추가된 일까지 목표를 달성하는 경우도 있고 그렇지 않은 경우도 있다.

목표를 달성하는 경우에는 여러 가지 이유가 있을 수 있다. 첫 번째, 기존의 업무량이 인력에 비해 적었을 수가 있고, 두 번째는 기존의 인력이 업무시간 외에 추가된 일을 수행하여 목표를 달성했을 수도 있다. 세 번째는 인력이 한정되어 있다 보니 기존에 부과된 업무를 대충 수행함으로써 추가된 일까지 목표를 달성했을 수가 있다. 첫 번째 이유인 기존의 업무에 비해 사람이 많았을 경우는 기업이 최적의 자원배분을 통해 최고의 성과를 높이는 조직이라고 볼 때 그 가능성은 희박하다. 대부분은 두 번째와 세 번째 경우에 해당할 것이다.

조직(기업)이 성공적으로 업무를 수행하기 위해서는 무엇이 필요할까? 조직을 운영하기 위해서는 우선 자본(돈)이 있어야 하고 사람이 필요하며 물자가 있어야 한다. 이 세 가지 요소, 즉 사람(Man), 돈(Money), 물자(Material)를 경영의 3요소라 하며 3M으로 부르기도 한다. 경영의 3요소 중 사람(Man)을 관리하는 것을 인사관리라 하고 관리활동의 상당 부분이 여기에 집중되어 있다. 조직원을 어떻게 뽑고, 어디에 배치하며, 어떤 교육훈련을 통해 양성할 것이며, 승진이나 평가, 상벌 등을 통해 조직원을 효율적으로 관리하는, 즉 일하는 사람들이 각자의 능력을 최대로 발휘하여 좋은 성과를 거두도록 관리하는 일을 말한다.

두 번째로 돈(Money)을 관리하는 것을 재무관리라 하는데, 기업이 가지고 있는 돈(자본)을 어디에 어떻게 쓸 것인지 자금을 조달해야 한다면 어디에서 어떤 조건으로 조달한 것인지 등을 관리하는 것을 말한다. 돈을 제대로 관리하지 못하면 아무리 좋은 아이디어나 계획을 가지고 있어도 조직을 성공적으로 운영할 수 없다.

세 번째로 물자(Material), 즉 자원은 생산과 관련된 사항으로 원재료와 기계·설비를 활용하여 어떻게 생산해야 가장 효율적이며 최고의 가치를 창출할 것인지를 다루는 것으로 생산관리가 여기에 해당한다. 물론 사람과 돈이 있고 제품을 생산한다고 하여 기업이 유지되는 것은 아니다. 생산한 제품을 시장에서 팔아야 하는 마케팅관리와 판매 후 이익을 보았는지 손해를 봤는지를 계산하는 회계관리도 수반되어야 한다.

전략 실행을 위한 구체적 운영계획 필요

기업에서는 경영환경의 변화에 따라 생존하고 발전하기 위하여 경영전략을 수립한다. 경영전략을 수립하는 이유는 희소한 경영자원(인적자원과 물적자원)의 배분을 통하여 기업의 경쟁우위를 확보하기 위해서일 것이다. 경영전략이 수립되면 실행을 하게 되는데 캐플란Robert S. Kaplan 교수와 노튼David P. Norton 박사의 전략실행 프로세스를 보면 전략개발 → 전략구체화 → 전략과 조직의 정렬 → 운영계획 → 모니터와 학습 → 검증 및 전략 업그레이드 순으로 순환된다. 전략실행의 중요성에 대해서는 새삼 강조하지 않아도 다 알겠지만 운영계획을 수립할 때는 반드시

자원을 어떻게 배분하고 예산 투입(배정)을 할 것인지에 대해 구체적인 계획이 있어야 한다. 이것이 없다면 사실상 전략을 실행할 수가 없다.

2014년 건설현장에서 사망사고가 많이 발생한 건설회사의 대표이사, 사업본부장 등과 안전시스템에 대한 면담과 토론을 할 기회가 있었다.

기업의 안전보건전략, 안전보건 경영방침, 조직구성 및 운영, 예산 등에 대해 사전에 검토를 하고 실시하였는데 대기업임에도 불구하고 미흡한 부분이 예상 외로 많았다. 안전보건 경영방침과 실천전략은 수립되어 있었으나 방침 달성을 위한 구체적인 목표가 설정되어 있지 않았다. 또한 안전담당 임원이 해외지원실장을 겸직하고 있어 형식적으로는 임원이 안전보건 업무를 총괄하고 있는 것처럼 보였으나 실질적으로는 해외지원 업무에 집중하고 있었다. 안전관리자의 정규직 비율도 동종 규모 타 건설회사에 비해 상당히 낮았으며 교육 등 안전예산도 전년 대비 현저히 감소했다. 당시 이러한 문제점을 지적하고 개선을 요청했는데 얼마 지나지 않아 개선했다는 소식을 듣고 그 기업은 앞으로 '잘 하겠구나.'라는 생각을 하였다.

2018년에는 질식사고로 근로자 4명이 사망한 제조업체에 대해 진단을 실시하고 대표이사 면담을 실시했는데 아직도 우리나라의 안전 수준은 갈 길이 멀다는 생각이 많이 들었다. 한 예로 면담을 위해 안전관리부서에 최근 5년간 안전과 관련한 예산집행 실적을 요청하였는데 자료작성이 어렵다고 하였다. 그 이유를 물어보니 안전 관련 예산이 안전관리부서에서 집행하는 것과 사업부서에서 집행하는 것도 있어 구체적인 내역을 확인하기 어렵다는 것이다. 이 말은 예산이 체계적이고 효율적으로 집행되지 않는다는 뜻이다.

안전 문제로 인한 '화이트 스완' 대비해야

우리나라 대부분 기업의 CEO에게 매출액 대비 안전보건관리비는 몇 %가 적합하다고 생각하는지 물어보면 대답하는 CEO가 거의 없다. 하지만 매출액 대비 인건비, 재료비 등이 얼마가 되어야 하느냐는 질문을 하면 막힘없이 대답을 한다. 건설업의 경우에는 공사 종류 및 규모별 안전관리비 계상기준표가 고용노동부 고시로 제정되어 있고 법적 요건에 맞추어 집행되고 있

어 그나마 다행이기는 하나 안전보건에 대한 경영진의 관심은
더욱 절실한 편이다.

(단위: 원)

구분 공사종류	대상액 5억원 미만인 경우 적용비율(%)	대상액 5억원 이상 50억원 미만인 경우		대상액 50억원 이상인 경우 적용비율(%)	영 별표5에 따른 보건 관리자 선임 대상 건설 공사의 적용비율(%)
		적용비율(%)	기초액		
일반건설공사(갑)	2.93%	1.86%	5,349,000원	1.97%	2.15%
일반건설공사(을)	3.09%	1.99%	5,499,000원	2.10%	2.29%
중 건 설 공 사	3.43%	2.35%	5,400,000원	2.44%	2.66%
철도·궤도신설공사	2.45%	1.57%	4,411,000원	1.66%	1.81%
특수 및 기타건설공사	1.85%	1.20%	3,250,000원	1.27%	1.38%

출처: 건설업 산업안전보건관리비 계상 및 사용기준(고용노동부 고시 제2020-63호)

〈공사종류 및 규모별 안전관리비 계상기준표〉

우리는 안전보건의 문제가 개인이나 조직을 넘어 사회적·국
가적 이슈로 대두되고 있고, 산업재해로 인한 경제적 손실이나
근로손실 일수도 엄청나다는 것을 이미 알고 있다. 앞으로 안전
보건이 기업의 경영환경에 어떻게 영향을 미칠 것인지에 대하여
도 언론 기사 등을 통해 쉽게 알 수 있다. 미국의 경제학자 누리
엘 루비니Nouriel Roubini는 과거 경험에도 불구하고 적절한 대책

을 게을리하여 막지 못하는 위기 상황을 화이트 스완white swan[25]
이라고 했다. 산업안전의 문제도 수많은 경험을 가지고 있고 어
떻게 해야 하는지도 잘 알고 있다.

산업안전의 문제로 인해 기업이 위기가 오지 않도록 겉으로
안전이 최고라고 말하기보다 실질적인 인력과 예산의 투입을
통해 효과가 나타날 수 있도록 행동으로 보여주는 것이 필요한
시기이다. 안전이라는 경영 요소는 어제의 번창한 기업을 오늘
한 방에 '훅' 가도록 만들 수 있다는 것을 기억하자.

---

25) 2008년 일어난 금융위기는 예측할 수 없는 블랙 스완(black swan)이 아니라 충분
히 일어날 수 있는 상황이었고 역사에서 되풀이되던 호황과 거품, 불황 등을 통해
예측도 가능했던 화이트 스완이라고 말했다.

5 안전은 시스템이다

'시스템' 하면 가장 먼저 떠오르는 것이 컴퓨터다. 하드웨어시스템, 소프트웨어시스템, 일상에서도 중앙통제시스템, 시스템에어컨, 돌봄 시스템, 안전과 관련해서도 안전인증시스템, 안전경영시스템 등 시스템이란 용어가 우리와 밀접한 관련을 가지고 있음을 알 수 있다.

시스템을 국어사전에는 '필요한 기능을 수행하기 위하여 관련 요소를 어떤 법칙에 따라 조합한 집합체', 컴퓨터 용어사전에는 '하나의 공통적인 목적을 수행하기 위해 조직화된 요소들의 집합체', 위키백과에는 '각 구성요소들이 상호작용 하거나상호 의존하여 복잡하게 얽힌 하나의 집합체'로 정의하고 있다.이를 종합해 보면 '시스템이란 어떤 목표를 달성하기 위하여 필요한 각 요소들이 유기적으로 연결되어 상호작용 하는 집합체'로 정의할 수 있다.

기업에서도 인사관리시스템, 경영정보시스템, 생산관리시스템, 판매관리시스템, 안전경영시스템 등 시스템이란 용어가 다양하게 사용되고 있는데 결국은 기업이 추구하는 목표를 효율적으로 달성하기 위한 방안인 것이다.

기업이 추구하는 목표는 무엇인가? 아마도 열에 아홉은 이윤의 극대화라고 답을 할 것이다. 틀린 말은 아니다. 그러나 기업이 어떤 위치나 입장에 있느냐에 따라 달라질 수 있다. 기본적으로는 존립하는 것이고 수익성, 생산성, 시장점유율, 종업원 개발, 사회적 책임 등 다양할 수 있다.

그렇다면 안전은 기업의 목표가 될 수 있을까? 전통적으로 안전을 기업의 목표로 정한 기업은 거의 없다. 1906년 미국의 최대 철강회사U.S. Steel의 게리E. H. Gary 사장이 바꾼 생산제일주의에서 '안전제일주의' 경영방침, 미국 듀폰사의 '10개 항으로 구성된 안전원칙', 미국 알루미늄 생산업체인 알코아Alcoa의 최고경영자인 오닐O'Neill의 '안전제일 경영철학'에서 보듯이 안전제일은 기업의 목표라기보다 경영철학이다. 앞에서 말했듯이 기업이 추구하는 목표는 위치나 입장에 따라 달라질 수 있으나 궁극적으로 성과창출을 통해 이윤을 극대화하고 지속적으로 존립하는 것이다.

게리 사장이 처음 정한 경영방침은 '생산제일生産第一, 품질제이品質第二, 안전제삼安全第三'이었다. 기업이 높은 수준의 성과를 창출하기 위해서는 어느 특정 분야나 프로세스상의 문제가 없어야 하는데, 안전과 품질의 문제로 생산이 목표한 만큼 실현되지 못했다. 이에 종전의 경영방침이 잘못된 것을 깨닫고 경영방침의 순서를 '안전제일, 품질제이, 생산제삼'으로 바꾸고 난 후 산업재해의 감소, 품질 향상 및 생산성이 높아지는 결과를 가져오게 되었다

최근 이천물류창고 화재사고, 화학공장 폭발사고 등으로 안전에 대한 사회 전반의 관심이 높아지고 기업의 사회적 책임뿐만 아니라 경쟁력과 생존 차원에서도 안전은 매우 중요시되고 있다. 과거에는 좋은 아이템이나 제품이 있으면 몇 년간 안심하고 생산할 수 있는 시절도 있었으나 최근에는 제품수명주기가 짧아지면서 아주 짧은 시간에 새로운 제품이 나오고 있다. 이런 상황에서 안전사고로 인한 작업 중지 등으로 생산에 조그만 문제라도 발생하여 차질을 빚게 되면 기업에 치명적인 영향을 미칠 수 있다. 따라서 기업에서도 이러한 리스크를 감소시키고 안전을 경영의 중요한 요소로 인식하여 안전보건활동을 경영 차원의 시스템으로 도입함으로써 대내·외적으로 신뢰성을 확보하고 기업의 이미지 제고는 물론 가치창출의 수단으로 활용하고 있다.

안전보건경영시스템 구축 방법은?

안전보건경영시스템26)은 사업장에서 산업재해를 예방하고 쾌적한 작업환경을 조성하기 위하여 사업주, 근로자 및 이해관계자가 참여하고 협력하여 사업주가 경영방침에 안전보건정책을 선언하고 이에 대한 실행계획을 수립(Plan)-실시(Do)-평가(Check)-개선(Action)하는 일련의 과정을 지속적으로 행하는 체계적인 안전보건활동을 말한다.

안전보건경영시스템 도입은 왜 필요한가?

그간 우리나라의 산업재해를 예방하기 위한 안전보건 정책이나 활동을 보면 정부가 중심이 되어 제도를 도입하고 규제한 결과 산업재해를 억제하고 감소시키는 성과도 있었으나, 사업장의 수동적인 접근방법과 기술적인 대책 중심이라는 한계가 있었다. 그 결과 사고사망자는 주요 선진국에 비해 높은 수준이며, 사업장에는 안전에 대한 노동자 등의 참여와 협력이 미진했다. 또한 안전 관련 지식이나 노하우Know-How의 전달체계가 원활하게 작동할 수 있도록 조직적이고 지속적으로 개선·유지하는 시스템적 접근이 부족했다. 그러므로 안전을 경영의 차원에서 도입

---

26) 안전보건경영시스템은 2018년 3월까지는 국제표준규격으로 정해지지 않았고 민간기구 차원에서 영국의 BSI(British Standards Institution)를 중심으로 OHSAS 18001이 있었으며 우리나라에서는 안전보건공단이 KOSHA 18001을 제정하여 보급해 오다 2018년 3월 12일 ISO 45001이 국제표준규격으로 제정·공포되어, KOSHA 18001도 KOSHA-MS로 변경·개발하여 보급하고 있음.

하고 실행, 평가 및 개선하는 지속적인 일련의 과정이 필요한 것이다.

안전보건경영시스템은 어떻게 구성되어 있고 어떻게 구축하는가? 시스템은 크게 조직의 상황, 리더십과 근로자의 참여, 계획수립(P), 지원(S), 실행(D), 성과평가(C), 개선(A), 안전보건활동 등으로 구성된다.[27]

안전보건경영시스템 구축 절차의 첫 번째는 먼저 조직의 상황을 파악하는 것이다. 안전보건경영시스템이 의도한 결과에 영향을 주는 사업장 내·외부의 현안 사항을 파악, 근로자 및 이해관계자의 요구 사항과 조직의 준수의무 사항이 무엇인지 규정하며, 안전보건경영시스템의 적용 범위를 결정하고, 시스템을 구축하고 의도한 결과를 달성할 수 있도록 P-D-C-A 순환과정을 통해 지속적으로 개선하여야 한다.

둘째, 리더십과 근로자의 참여이다. 최고경영자는 안전보건경영시스템에 대한 리더십과 의지를 표명하고 안전보건 방침을 공표하며, 공표한 안전보건방침과 목표를 달성할 수 있도록 조직에 책임과 권한을 부여하여야 한다. 또한 안전보건목표 및 추진계획 이행현황, 정기적인 성과측정 및 시정조치 결과 등에 대해 근로자의 참여 및 협의를 보장하여야 한다.

---

27) ISO 45001과 KOSHA-MS 구성의 큰 차이점은 안전보건활동 부분으로 KOSHA-MS에만 있는 항목이다.

안전보건경영시스템 인증을 위해 심사 시 사업장을 방문하여 확인해 보면 안전보건방침을 문서화하여 공개하고 있는 것을 볼 수 있다. 사업주와 면담을 하거나 안전보건담당자에게 사업주의 의지를 확인해 보면 확고하다고 답한다. 그러나 사업장의 비전전략체계나 경영방침에 종종 안전보건이 제외되어 있는 것을 볼 수 있는데 이것은 안전보건이 전사적 경영전략으로 반영되고 있지 않다는 것을 보여주는 하나의 증거일 것이다.

셋째, 안전보건경영시스템을 인증받기 위한 사전 과정으로써 위험성평가[28]를 실시하고 적용법규 등을 검토하여 법적 요구수준 이상의 안전보건활동을 할 수 있도록 목표 및 추진계획을 수립한다. 즉, 산업안전보건법 등 법적 규제 사항과 사업장의 비전전략체계 및 경영방침, 자체안전보건계획 등을 토대로 목표와 추진계획을 수립하면 된다.

넷째, 최고경영자는 안전보건경영시스템의 수립, 실행, 유지 및 지속적 개선에 필요한 물적·인적 자원을 결정하고, 근로자가 업무수행에 필요한 교육, 훈련 및 자격이 필요한 경우 유지하도록 하여야 하며, 의사소통 및 정보제공, 문서화하고 기록하는 것을 지원하여야 한다.

---

28) '위험성평가'란 유해·위험요인을 파악하고 해당 유해·위험요인에 의한 부상 또는 질병의 발생 가능성(빈도)과 중대성(강도)을 추정·결정하고 감소 대책을 수립하여 실행하는 일련의 과정을 말함.

다섯째, 실행단계이다. 실행단계는 안전보건 측면에서 영향을 미칠 수 있는 기계·기구·설비, 사용 물질 등에 대한 안전보건상의 기준을 준수하여야 하고 안전보건활동과 관련한 운영 절차를 수립하고 이행하여야 하며, 비상 시 대비 및 대응을 위한 비상사태 시나리오별로 정기적인 교육·훈련 등을 실시하여야 한다.

여섯째, 성과평가이다. 성과평가는 안전보건경영시스템의 효과를 정기적으로 모니터링, 측정, 분석 및 성과평가를 실시하고 최고경영자는 안전보건경영시스템 운영 전반에 대해서 계획된 주기로 경영자 검토를 실시하고 경영검토 결과를 근로자 및 이해관계자와 의사소통한다.

마지막으로 모니터링, 측정, 분석 및 성과평가 결과 등에 의해 조치가 필요할 경우 개선하고 안전보건 성과 향상과 안전보건경영시스템 지원문화 촉진 등을 실행함으로써 안전보건경영시스템의 적절성, 충족성 및 효과성을 지속적으로 개선하여 발전시켜 나간다.

시스템 구축은 안전보건의 성과가 아닌 출발

사업장이 안전보건경영시스템을 성공적으로 구축·운영하기 위해서 가장 중요한 것은 첫째, 기존에 실시하던 잠재위험발굴

훈련, 위험성평가 등 안전보건활동이나 각종 데이터들이 쓸모없거나 버리라는 것이 아니라 이들을 안전보건경영시스템에서 요구하는 매뉴얼, 절차서, 지침서에 반영하여 실행하는 것이다.

둘째, 조직 구성원들의 안전보건경영시스템에 대한 전반적인 이해도가 높아야 하는데, 특히 조직을 운영하는 데 핵심 역할을 수행하는 최고경영자, 안전보건관리책임자, 관리감독자의 관심과 역할이 절대적으로 필요하다. 또한, 구성원들의 전반적인 이해도 향상을 위해서는 구성원을 대상으로 안전보건경영시스템에 관한 주기적인 교육을 해야 한다. 특히, 구성원을 대상으로 시스템에서 정하고 있는 매뉴얼이나 안전보건 실행에 관한 사항인『절차서』,『지침서』에 대해 주기적·반복적 교육이 반드시 선행되어야 한다.

셋째, 안전은 안전부서에서 하는 일이라고 생각하는 순간 안전에 대한 성과창출은 불가능하다. 안전보건경영시스템 주관부서의 이해와 현업부서의 관리감독자를 포함한 구성원들의 참여가 반드시 필요하다.

넷째, 생산부서 등 현업부서는 안전보건경영시스템 주관부서에서 요구하는 사항을 이행하여야 시스템이 제대로 운영될 수 있다. 이를 위해서는 각 부서장 KPI에 안전보건에 관한 사항을 일정 점수 이상 반영하여야 하고, 해당 KPI 실적을 보수와 연계시키는 조직적인 노력이 필요하다.

마지막으로 시스템을 운영하기 위한 조직, 인력, 예산 등이 수반되고 최고경영자는 개인이 아닌 조직적으로 시스템이 운영될 수 있도록 분위기를 조성하여야 한다. 분위기를 활성화시키지 않고는 어떤 실질적 변화를 이루어내기가 쉽지 않다.

안전보건경영시스템을 도입한 후 성과에 대한 안전보건공단 자료를 보면 2014년 이전에 안전보건경영시스템 인증을 취득하고 5년 이상 장기적으로 인증을 유지하는 사업장의 사고사망만인율은 지속적으로 감소 추세(0.30‰ → 0.10‰)를 보이고 있다. 또한 2016년 기준 인증취득 전·후 3년간 재해성과를 비교한 결과 사고재해율은 0.30%에서 0.28%로, 사고사망만인율은 0.43‰에서 0.27‰로 감소하였다.

이런 재해율 감소에도 불구하고 시스템 구축이 곧 안전보건의 성공이나 성과를 의미하지는 않는다. 안전보건 확보를 위한 장기 레이스의 출발선상에서 달릴 준비를 했다는 것에 불과하다. 안전보건은 기업 수명과 함께하는 마라톤이다. 완주를 하기 위해서는 페이스를 잃지 않아야 하고 계획한 대로 달리고 있는지 중간중간 시간 체크도 해야 한다. 마찬가지로 시스템을 운영하면서 계획한 것이 차질 없이 진행되고 있는지 점검하고, 나타나는 문제점을 지속적으로 개선하고 환류 할 때 비로소 성과를 창출하고 완주하는 쾌거를 이룰 수 있을 것이다.

6 기업의 모든 업무 프로세스는 안전과 융합되어 적용되어야 한다

안전은 누가 해야 하는가? 한 번이라도 질문을 해봤다면 나름 대로의 해답을 가지고 있거나 해답을 찾기 위해 노력했을 것이다. 인류의 발전은 궁금증에 대한 질문을 통해 그 해답을 찾아가는 과정이었고 이런 과정을 통해 발전해 왔다고 해도 과언이 아닐 것이다. 안전에 대한 질문도 많으면 많을수록 그 해답을 빨리 찾을 수 있다.

사업주를 대상으로 하는 교육시간에 '안전은 누가 해야 합니까?'라고 질문을 던지면 사업주가 해야 한다고 답을 하는 분은 많지 않다. 노동자들에게 질문을 던지면 대다수의 사람들은 사업주가 해야 한다고 답을 한다. 왜 이런 현상이 발생하는 것일까? 질문만 잘해도 답은 어느 정도 알 수 있다고 하는데 정반대의 대답이 나온다. 우리는 때로 자기가 하고 있는 일에 대해 왜 하는가에 대한 답변을 쉽게 하지 못하는 경우가 있다. 만약 왜 하는가에 대한 답변을 할 수 없다면 의미 없는 일의 연속인지도 모른다.

안전을 누가 해야 하는가에 대해 산업안전보건법령을 보면 근로자가 준수해야 할 의무 사항도 일부 있으나 대부분은 사업주가 해야 하거나 해서는 안 되는 조항들로 구성되어 있다. 우리나라의 현행 법령이 약 5,000개 정도이고 지방자치단체의 조례 등 자치법규를 포함하면 약 12만 개가 있으니 법령 등에서 요구하는 것이 얼마나 많은지 쉽게 상상해 볼 수 있다.

그런데 기업을 경영하는 경영자는 이 많은 법령 등을 모두 알고 있을까? 모두 알기도 어려울 뿐만 아니라 설사 알고 있다고 해도 다 지킬 수 있을지도 의문이며 법령을 준수한다고 해도 정도의 차이는 있겠으나 사고는 발생하게 마련이다.

그럼 어떻게 안전을 확보할 것인가? 쉽게 생각해서 사고의 모든 원인이 생산을 하거나 건설하는 현장만의 문제인가? 이 문제에 대해 좀 더 적극적으로 생각해 볼 필요가 있다. 2018년 초 사업장 내 조명등을 교체하다 고소작업대의 턴테이블 볼트가 부러져 2명의 근로자가 추락하여 1명이 사망하고 1명이 중상을 당한 포항의 어느 공장을 방문했을 때의 일이다. 공장장과 대화시 여러 가지 이야기를 나누고 '왜 이런 사고가 발생했는지? 공

장장이 생각하는 대책은 무엇인지?'에 대해 질문을 했을 때 공
장장의 답변은 '고소작업대가 우리 공장 장비가 아닌데 우리가
어떻게 알 수 있으며 우리는 용역을 줘서 장비에 대해 잘 알지
도 못하고 용역을 수행한 사람들이 안전하게 일을 하지 않아서
발생한 것이다.'라고 말을 했다. 한편으로는 이해를 못 할 것도
아니지만 앞으로도 사고가 계속해서 발생하겠다는 생각을 지울
수가 없었다.

안전 없는 비용 절감은 더 큰 대가 지불

산업안전보건법령에 사업주는 건설물, 기계·기구·설비, 원
재료, 가스, 증기, 분진, 근로자의 작업행동 또는 그 밖의 업무로
인한 유해·위험요인을 찾아내어 부상 및 질병으로 이어질 수
있는 위험성의 크기가 허용 가능한 범위인지를 평가하여야 하
고, 그 결과에 따라 법령에서 정한 조치를 하여야 하며, 근로자
에 대한 위험 또는 건강장해를 방지하기 위하여 필요한 경우에
는 추가적인 조치를 하도록 되어 있다. 즉 위험성평가를 실시하
여야 한다는 것이다.

위험성평가를 실시할 때에는 근로자 및 이해관계자에게 안전
보건상의 영향을 주는 조직 내부 또는 외부에서 작업장에 제공
되는 유해위험시설, 조직에서 보유 또는 취급하고 있는 모든 유

해위험물질, 협력업체를 포함한 일상적인 작업 및 수리 정비 등 비일상적인 작업 등을 포함하여 위험성평가를 실시하도록 되어 있다. 안전을 생각할 때에는 사업장 내, 사업장 근로자 또는 어느 특정한 분야 등에 국한해서 생각한다면 결코 사고를 예방할 수 없다. 따라서 기업의 모든 업무 프로세스는 안전과 융합되어 함께 적용되어야 한다.

기업이 제품을 생산하여 서비스를 제공하는 과정을 살펴보면 기술개발 → 제품디자인 → 생산 → 마케팅 → 유통 → 서비스를 제공하는 일련의 과정과 이를 지원하기 위한 구매 활동과 인적 자원관리 등을 들 수 있는데 혹자는 구매 활동과 인적자원관리, 제품디자인 등에 과연 안전이라는 요소가 필요한지 의문을 가질 수 있을 것이다.

일반적으로 물품구매나 용역 및 공사계약을 체결할 때에는 발주자와 계약상대자가 체결된 계약을 이행하는 데 필요한 용역(구매, 공사)의 범위나 계약보증금 처리 등에 관해 필요한 일반 사항을 명시한 용역(구매, 공사) 계약일반조건과 계약일반조건에 명시되지 않은 사항이나 부가적으로 필요한 특수한 사항을 추가하는 계약특수조건이 있는데, 계약특수조건에 안전과 관련된 사항을 명시하는 것이 좋다. 예를 들면 사업장 내 장비 반입이 있을 경우 산업안전보건법상 안전인증대상 위험기계기구는 안전인증을 받은 장비여야 하고 검사대상기계기구는 검사에

합격한 기계기구 등에 한하는 등 안전을 확보하기 위한 필요조건 등을 명시하고 검수하는 과정이 반드시 필요하다. 만약 계약 특수조건에 명시하기 어렵다면 과업지시서에 명기하는 것도 하나의 방법이다.

제품을 디자인할 때에도 감전의 위험이 있을 경우 위험전압부 접촉방지나 절연재료를 사용하고 화재발생의 가능성이 높은 경우에는 난연재료를 사용하며 제품의 모서리가 날카로운 경우 베임 등의 상해가 발생할 수 있으므로 표면처리를 부드럽게 할 수 있는 재료를 사용하거나 보호물을 씌워 보호하는 등의 조치가 반영되어야 한다. 현대사회는 고도의 기술과 각종 기능성을 겸비한 다양한 제품들이 시장에 유통되고 있으나 제품의 안전성이 결여되어 피해가 발생한다면 소비자로부터 선택받기 어려울 뿐만 아니라 퇴출되는 사태가 발생할 수도 있다.

인적자원관리의 경우도 마찬가지이다. 아무리 안전성이 높은 제품이나 장비, 자동화 시스템 라인을 갖춘 곳이라도 사람의 부주의나 잘못된 행동으로 사고가 발생하기 마련이며 종국적으로 안전의 문제는 사람의 문제로 귀결될 것이다.

이처럼 안전의 문제는 특정 업무 분야의 문제도 아니고 특정 프로세스나 공정에 한정해서도 곤란하다. 그런데 많은 기업에서는 생산현장에 국한해서 생각하는 경우가 많고 구매 등 지원부서에서는 안전은 우리와 아무런 상관이 없고 비용을 절감하는

데 중점을 두는 경향들이 많은데 비용을 절감하는 것은 당연한 것이나 안전이 반영되지 않은 비용절감은 향후에 훨씬 많은 대가를 지불해야 할 것이다.

안전은 경영의 걸림돌이 아닌 디딤돌

혹자는 이런 생각도 할 것이다. 모든 업무 프로세스에 안전을 검토해야 한다면 기업을 운영하는 데 도대체 얼마나 많은 안전 전문가를 두어야 문제를 해결할 수 있을까? 모든 업무 프로세스마다 안전전문가를 배치하는 것은 업무의 양적인 면이나 인건비 측면에서 효율성이 너무 떨어지니 배제하는 것이 타당하다고 결론을 내릴지도 모른다. 결론을 내리기 전에 우리 회사에는 각종 업무 프로세스에 안전 관련 사항이 표준으로 정해져 있는지 우선 검토하는 것이 필요하다. 표준이 마련되어 있지 않으면 지키고 싶어도 지킬 것이 없으며 업무담당자들은 당연히 생각조차 하지 않게 된다. 표준이 마련되어 있지 않다면 시작도 되지 않은 것이다.

업무 프로세스에 마련되어 있어도 실제 작동이 제대로 되어야 한다. 산업안전보건법에는 건설공사발주자가 도급계약을 체결하거나 건설공사도급인이 건설공사 사업계획을 수립할 때에는 고용노동부 장관이 정하여 고시하는 바에 따라 산업안전보건관리비를 도급 금액 또는 사업비에 계상하도록 되어 있다. 실제 건설회사가 안전보건관리비를 계상하고 집행하는 과정을 보면 입찰에 참가할 때에는 총 공사 금액에 법령에서 정하고 있는 최저 금액을 계상하여 입찰에 참가하여 낙찰을 받고, 예산사용 계획을 수립할 경우 대부분 실제 사업관리부에서 안전관리부서의 검토 없이 총 공사 금액에 맞추어 정해진 최소 금액에 거꾸로 맞추어 집행계획을 수립한다. 그러니 실제 어느 공정에서 얼마가 소요될 것인지 등에 대해서는 초기에 검토되지 않는 실정이다.

실제 안전이 확보되기 위해서는 공정 또는 공법에 따라 산업안전보건관리비를 얼마나 투입하는 것이 적정한지 등에 대해 검토가 이루어져야 한다. 물론 안전보건관리비가 부족할 경우 회사에 따라 추가로 지급하는 경우도 있으나 대부분 최소 금액 범위 내에서 이루어지고 있는 것이 현실이다. 따라서 발주처에서도 산업안전보건관리비가 법령에서 정한 최소 금액이 아니라 공정 또는 공법 등에 따라 적정한지 검토가 이루어진다면 안전확보는 지금보다 훨씬 좋아질 것이 분명하다.

안전 관련 업무를 사업부서와 안전관리부서에서 각각 독립적인 업무 프로세스로 운영하는 것보다 융합하여 계획단계에서부터 안전전문가가 검토하고 집행된다면 효율성도 높고 성과도 훨씬 좋아질 것이다. 또한 제조업 등에서도 업무 프로세스의 최초 계약단계에서부터 최종단계까지 안전이 융합되어 계획되고 실행되도록 표준을 정하는 것이 중요하다. 검토할 전문가가 없다면 우선 법령에서 요구하는 사항들에 대한 체크리스트를 만들어 활용하고 점차 확장해 나가는 것도 하나의 방법이 될 수 있다.

나는 안전에 대해 아는 것이 거의 없는데 어떻게 하라는 것이냐는 생각보다 하나하나 알아가는 과정이고 안전이 모든 프로세스에 필수적인 사항으로 변화되고 있다는 생각을 하자. 길을 가다 돌부리에 걸려 넘어지면 걸림돌이 되고 딛고 일어나면 디딤돌이 된다. 안전을 기업경영의 걸림돌이 아닌 디딤돌로 삼는 지혜를 가졌으면 하는 바람이다.

03

안전은 결국 사람이
하는 것이다

1 조직의 안전 수준은 여러 가지의 평균이 아니라 최고 낮은 것이 좌우한다

우리는 하루에도 몇 번씩 언론 등에서 각종 데이터나 자료를 접하는데, 내용을 보다 보면 평균 얼마라는 것을 쉽게 볼 수 있다. 학창 시절에도 시험을 치고 결과가 나오는 날이면 몇 점을 받았을까 궁금해지고 평균점수를 기준으로 석차도 나온다. 선생님은 누구는 중간고사 때보다 평균이 올랐다고 격려를 하기도 하고 평균이 낮은 학생에게는 분발을 촉구하기도 한다.

평균은 자료의 전체적인 상태를 나타내는 좋은 방법이기도 하지만 평균만으로는 전체를 대변하기 어려운 경우도 있어 항상 함정이 도사리고 있다. 여름철 해수욕장에서도 이안류로 인한 사고가 발생하는 경우가 있는데 이안류는 수시로 발생하는 해저 지형의 조건 등에 따라 국지적으로 발생하기 때문에 그 해

수욕장 전체의 평균을 기준으로 설명한다면 아마도 문제가 없는 것처럼 보일 것이다. 예를 들어 트레킹을 하다 냇물을 만났을 때 이곳의 평균수심이 1.3m라고 표지판에 적혀 있었을 경우 지면 전체가 1.3m 정도면 문제가 발생하지 않을 수도 있으나 특정 지점의 수심이 2m인 곳이 있다면 필시 사고로 연결될 수 있을 것이다. 이처럼 평균에는 함정이 있다.

가장 취약한 고리가 전체의 강도를 좌우

무기화학 비료의 선구자이자 비료의 아버지라 불리는 독일의 화학자 리비히의 법칙(Liebig's Law)[29]이 있다. 식물이 정상적인 생육을 하기 위해서는 여러 가지 종류의 무기성분이 적당한 비율로 공급되어야 하는데, 만일 이들 성분 중 어떤 한 가지 성분이 부족하면 식물의 생육은 그 부족 성분량에 의하여 지배되며, 비교적 다량으로 공급되는 성분량에는 관계되지 않는다는 것이다. 리비히의 법칙은 식물이 필요로 하는 영양소 중에서 최소 양으로 존재하는 영양소가 식물의 생장을 제한한다는 것으로 '최소양분율, 최소율의 법칙(Law of minimum)'[30]이라고도 한다. 그 후 울니 Wollny는 이 최소양분율을 보완하여 '식물의 생산량은 그 생육에

---

29) 농업용어사전, 농촌진흥청.
30) 두산백과.

필요한 여러 인자(양분·수분·온도·광선 등) 중에서 공급률이
가장 적은 인자에 의하여 지배된다.'고 하였다.[31]

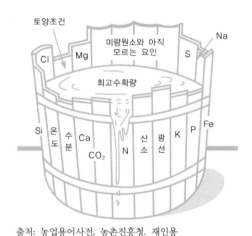

출처: 농업용어사전, 농촌진흥청. 재인용

⟨울니Wollny의 최소율을 설명하는 그림⟩

사람의 몸도 마찬가지이다. 겉으로 보기에는 근육질의 건강한
몸을 가졌어도 그 사람의 건강상태는 단백질, 탄수화물, 비타민
등과 같은 영양소 중 부족한 미량의 요소가 좌우할 것이다. 그
리스 신화의 영웅인 아킬레스Achilles는 펠레우스Peleus와 바다의
여신 테티스Thetis의 아들로 발뒤꿈치를 제외하고는 불사신不死身
으로서 트로이 전쟁에서 활약하다 트로이의 왕자 파리스Paris에

---

31) 류순호, 『토양사전』, 서울대학교출판부.

게 발뒤꿈치에 화살을 맞아 죽었다고 한다. 이처럼 부족하거나 미흡한 가장 취약한 고리(Weekest Link) 하나가 전체의 강도를 좌우하고 결정하는 요소라는 것을 알 수 있다.

리더십 수준이 낮다면 안전의 수준은?

기업이 이윤을 극대화하기 위해서 제품을 개발하고 판매 및 애프터 서비스할 때까지의 과정은 일반적으로 다음과 같이 설명할 수 있다.

〈기술개발부터 서비스 제공까지의 과정〉

기업마다 여러 가지 특성이 있고 강점과 약점도 가지고 있다. A라는 기업이 하청 없이 전 과정을 다 수행한다고 단순하게 가정할 때 제품을 만들어 판매하고 이윤을 얻기까지 어떤 조건일 때 최대의 이윤을 발생시킬 수 있을까? 만약 A기업의 생산능력은 100이지만 마케팅 능력이 70이라고 했을 때 결국 매출은 70밖에 되지 않고 재고 30을 안고 가게 될 것이다. 기술개발부터 서비스까지 전 과정이 100이어야만 매출이 극대화되고 최대의 이윤을 얻을 수 있는 것이다.

안전도 이와 마찬가지이다. 안전에 대한 조직, 전략, 시스템 등을 잘 갖추었어도 리더십이 제대로 작동하지 않는다면 안전의 수준은 전체의 평균이 아닌 가장 낮은 리더십에 의해 결정되고, 그 회사의 안전 수준도 리더십 수준으로 낮아진다. 또한 노후화된 설비를 교체하는 데 예산상의 문제로 전부 교체하지 못하고 일부만 교체했다면 사고는 결국 교체하지 못한 곳에서 발생하게 되는 것이다. 우리 회사는 다 잘하는데 이것이 좀 부족하다고 생각되면 그 부족한 것에 대해 어떻게 수준을 높일 것인지 고민해야 한다. 그렇지 않다면 그 취약한 하나가 기업의 지속가능경영에 막대한 영향을 미칠 것이다.

2 안전의 핵심 요소는 사람이다

『삼국지』에 40대 후반의 유비가 자기보다 훨씬 젊은 20대 후반의 제갈공명을 얻기 위해 삼고초려三顧草廬 하는 대목이 나오는데 인재人材를 맞아들이기 위해 참을성 있게 노력함을 이르는 말이다. 유럽을 정복한 나폴레옹 황제는 "인재가 있다는 소문이 들리면 난 앞뒤 가리지 않고 그에게 달려가 도움을 청할 것이다. 인재를 얻을 수만 있다면 그의 비위를 맞추기 위해 염치를 무릅쓰고 아부하는 일조차 마다하지 않겠다."고 했다.

애플의 스티브 잡스Steve Jobs는 1998년 미국의 경영 잡지『포춘 Fortune』과의 인터뷰에서 "혁신은 얼마나 많은 연구개발비를 투자하느냐와는 아무런 상관이 없습니다. 애플이 맥을 세상에 내놓았을 때 IBM은 연구개발비로 최소 100배 이상의 돈을 투자

했습니다. 혁신은 돈의 문제가 아닙니다. 혁신은 당신과 함께 일하는 사람들과 그 사람들을 이끄는 리더십에 따라서 얼마나 결과를 얻느냐에 달렸습니다."라고 말했다. 또 제너럴일렉트릭 (GE)의 잭 웰치Jack Welch 전 회장은 "최고의 인재를 뽑을 수 있고 최고의 인재로 키울 수 있다면 반드시 성공할 것이다."라고 말한 바 있다. 우리나라 대표 기업 중의 하나인 삼성도 창업주인 이병철 회장의 '인재경영'에 대해서 널리 알려져 있고, LG전자는 '해외 우수인재 유치단'을 통해 미국, 유럽 등의 주요 명문대를 돌면서 순회 채용에 나서기도 했다. 이처럼 동서고금을 막론하고 인재를 확보하기 위해 노력하는 것을 보면 그만큼 인재가 중요하다는 뜻일 것이다.

기업을 혁신하고 조직을 개조하는 일 역시 사람이 하는 것이며 아무리 기술이 발전하더라도 그 원동력은 역시 사람일 수밖에 없다. 인재는 기업의 경쟁력과 직결되고 기업의 미래를 좌우하게 될 것이다.

인재의 3가지 유형

지금은 예전과 같이 연말에 대대적인 공채 모집을 찾아보기가 어렵고 필요한 분야의 인력을 수시로 채용하는 기업이 많다. 때때로 채용박람회가 열릴 때 박람회장에는 늘 인산인해를 이루는데도 불구하고 인사담당자들은 뽑을 만한 사람이 없다는 말을 자주 한다. 왜 이런 현상이 발생할까? 구인자가 바라는 인재 역량과 구직자의 역량이 차이가 나기 때문에 발생하는 문제일 것이다.

기업에서는 공개나 수시 등 어떤 형태로 채용을 하든 공을 많이 들여서 채용하기 때문에 재능이 없거나 기업의 인재상과 거리가 먼 지원자는 상당수 걸러지고 우수한 인재라고 생각되는 지원자가 채용된다. 그러나 조직 생활을 하면서 여러 형태로 변화하여 나중에는 저 친구는 제발 그만두었으면 하는 골칫덩어리인 사람들도 생기고, 저 친구가 그만두면 우리 회사가 곤란해지는데 하는 사람도 드러난다.

조직에는 크게 3가지 유형의 인재가 있는데 인재(人在), 인재(人財), 인재(人災)로 나눌 수 있다. 첫 번째 인재人在는 자리에 있을 때는 필요한 것 같기는 하나 없어도 별로 문제가 되지 않는 사람이다. 두 번째 인재人財는 기업에 돈이 되고 성과를 내는 회사의 자산인 사람이다. 세 번째 인재人災는 기업에 재앙이 되는, 회사에서는 본인이 나가 주기를 바라지만 나가지 않고 회사 입장에서 내보내야 하는 그런 사람이다.

이 세 가지 유형의 인재는 생활하는 가운데 아주 쉽게 구분할 수 있다. 휴가를 가거나 개인적인 사정으로 자리를 비울 때 업무상 계속해서 전화를 하거나 찾게 되는 사람과 그렇지 않은 사람을 보면 알 것이다. 물론 시스템이나 업무대행체제가 잘 구축되어 있으면 그렇지 않을 수도 있으나 어쨌든 이런 경우를 흔히 접하게 된다.

2012년 1월 열린 다보스 포럼에서 세계 각국의 경제석학, 정치지도자, 기업인 등은 자본주의 시대가 가고 인재주의 시대가 도래한다고 천명했는데, 기업 경영활동에서 가장 중요한 요소가 인재라는 사실을 인식한 것이다. 인재의 중요성과 필요성을 부정하는 CEO는 한 사람도 없을 것이다. 하지만 자신의 회사에서 '필요한 인재를 육성하고 이를 지원해 주는 제도가 잘 마련되어 있는가?' 하는 질문에 스스로 답변을 해볼 필요가 있다. 기업에서 재무, 구매, 마케팅, 인사, 생산 등과 관련된 핵심 인재를 육성·발굴하는 경우는 많이 있다. 그러나 안전전문가를 핵심 인재로 육성·발굴한 케이스는 거의 찾아보기 어렵다. 사고가 많이 나거나 사고 후 대안을 마련하는 것이 어려울 때 필요에 따라 외부에서 인재를 영입하는 경우는 간혹 볼 수 있으나 자체적으로 시스템을 가지고 실행하는 경우는 흔치 않다.

혹자는 대학에서 배출하는 좋은 인재의 수가 부족하다고 생각할 수도 있다. 우리나라의 대학 중 안전 관련 학과가 설치되어 있는 학교가 10개 정도이고 연간 배출되는 인력이 100여 명 남짓으로 볼 때 절대적인 양과 질적인 면에서 부족한 것이 사실이다. 대학에서 기업이 필요로 하는 인재를 육성·공급하는 것이 가장 이상적인 것이나 안전 관련 분야의 경우 기업의 업종, 규모 및 기계·설비의 다양성 등으로 실제로 대학에서 실무를 익히는 것이 쉽지는 않다. 물론 최근에는 기업이 대학 또는 지자체와 협력하여 필요로 하는 인재를 양성하는 혁신적인 모델들도 나타나고 있어 그나마 다행스럽기는 하다.

안전사고의 원인은 인적요인

우리 사회에 크고 작은 사고가 발생했을 때 사고요인은 시스템 요인부터 인적요인까지 다양한데 언론매체에 보도되는 사고의 원인을 보면 기계적 결함, 작업환경 및 규정의 미비 등도 있으나 인재人災, 안전불감증, 안전문화 미성숙 등이 원인이었다는 것을 알게 된다. 결국 안전사고의 많은 원인이 사람이었다는 것이다.

울리히Ulrich는 인적자원은 지적인 역량으로써 기업의 유일한 자산이라고 표현했고, 안전사고는 인적자원의 악화를 초래하고 나아가 기업의 생산성과 국가경쟁력에 부정적인 영향력을 끼친다(Fernandez-Muniz et al., 2009; Zacharatos, 2005; Barling & Castejon, 2000; Conwa & Sevenson, 1998; Becerra et al., 1986)고 했다.[32] 오늘날 안전사고는 발생빈도 면에서는 과거에 비해

---

32) 조정래, 「조직의 안전관련 시스템적 요인이 안전성과에 미치는 영향: 종사자의 안전인식을 중심으로」, 인하대학교 대학원 박사학위논문, 2015. 재인용.

점차 줄어드는 반면, 사고사망자는 줄어드는 추세이긴 하나 격년단위로 증감이 반복되는 현상이 나타나고 있다. 사고로 인한 기업의 손실은 매출액 감소는 물론 품질 측면에도 부정적인 영향을 미치고 기업의 이미지와 내부 분위기도 좋지 않게 만들며 지금까지 키워 온 기업의 중요한 경쟁력인 인적자원의 손실도 수반된다.

앞으로 안전 관련 분야뿐만 아니라 모든 분야에서의 기술발전은 우리가 상상하는 이상으로 빠르게 변할 것이다. 안전 분야도 과거에 미처 생각하지 못한 2중 3중의 안전장치를 갖춘 기계·설비들이 도입될 것이고, 이를 제작한 회사의 엔지니어의 설명을 들으면 앞으로 안전사고는 발생하지 않을 것이라는 확신이 들지도 모른다. 그러나 사고는 지속적으로 발생하고 기계·설비가 대형화되고 복잡해지면서 대형 사고로 연결되는 경우도 종종 발생할 것이다.

전통적으로 안전관리 방법은 회사의 안전관리자들이 정부나 안전 관련 관계기관의 법과 규제를 통한 지시와 회사 자체의 규정을 통해 노동자들을 통제하는 것이다. 교육이나 인재 양성을 위해 노력하지 않는 것은 아니지만 주로 물적·기술적 측면에 중점을 두고 점검 등을 통해 위험요소의 제거와 감소에 주력하여 왔다. 안전사고는 기계적 결함이나 규정의 미비 등에 의해 발생하기도 하지만 안전 관련 기술이 발전하면 할수록 종국적으로는 그것을 실제로 운영하는 인적요인에 의해 사고가 발생할 가능성이 높아진다.

2020년 6월 모 회사 프레스 공장의 한 라인에서 프레스에 머리가 끼어 노동자가 사망하는 사고가 발생했다. 이 사업장은 프레스에 접근하기 위해서는 프레스를 둘러싸고 있는 펜스의 문을 열고 들어가도록 되어 있고 펜스의 문을 열면 인터록 장치가 있어 프레스가 멈추도록 되어 있었다. 그런데 수리 중 프레스가 작동하여 사고가 일어난 것이다. 구조적으로는 사고가 일어나지 않도록 되어 있었으나 사고조사 결과 펜스의 문을 열고 들어간 것이 아니라 기계와 기계 사이로 이동하여 감지가 되지 않아 안전장치가 작동되지 않은 것이다.

안전전문가를 핵심 인재로 육성해야

오늘날 기업은 기술의 급격한 진화, 지적자본 문제 등의 경영환경 속에서 끊임없는 변화와 혁신을 통한 성장과 수익성을 확보하는 것이 큰 과제일 것이다. 또한 끊임없는 변화의 흐름을 감지하고 신속한 의사결정을 내리는 민첩성을 갖출 때 기업은 경쟁우위를 확보하고 지속 가능한 경영을 할 수 있을 것이다. 지난 30년 이상 기업의 핵심적인 이슈 중의 하나가 품질이었는데, 식스 시그마Six-Sigma, TQM(Total Quality Management: 종

합적 품질관리)과 같은 경영기법이 개발되어 품질향상에 기여함
은 물론 기업의 핵심 경쟁우위요소가 되었다. 그러나 이제 안전
관리가 사고율 저하, 품질향상에 영향을 미칠 뿐만 아니라 기업
의 생산성과 경제적·재정적 결과에도 긍정적인 영향을 미친다
(Bottani et al., 2009; Fernandez-Muniz et al., 2009; O'toole,
2002)는 연구결과도 주목해야 한다.[33]

우리나라도 소득수준이 높아지면서 국민의 요구 수준도 변화
하고 우리 사회 곳곳에 위험사회의 특징인 대형화, 복잡화 및
집중화 현상이 나타나면서 안전도 이제 기업의 중요한 경쟁우
위요소로 작용할 시점이 되었다. 앞에서도 언급했듯이 '우리 기
업에서는 안전전문가를 어떻게 확보하고 육성하였는지' 자문자
답해 보기를 바란다.

'어떻게 할 것인가?'에 고민이 많다면 우리나라가 하계올림픽
에서 꾸준히 10위 내외의 성적을 올리는 비결이 무엇인지 생각
해 보자. 우리나라에는 국가대표 선수들의 종합훈련원으로 태릉
선수촌과 진천선수촌이 있다. 선수촌은 여러 국가대표급 선수들
의 육성을 통해 올림픽 등에서 우수한 성적을 거두기 위해 설립
된 곳이다. 스포츠 선수들은 여기에 입소하는 것만으로도 영광
일 수 있는 곳이다. 선수촌은 경기력 향상을 위한 과학적인 훈

---

33) 조정래, 앞의 논문. 재인용.

련은 물론 선수들이 먹는 음식의 영양까지 고려한 식단을 제공하는 등 우수인재 육성을 위한 체계적이고 종합적인 지원시스템을 갖추고 있다.

안전 분야를 여기에 대입해 보자. 기업에서는 선수촌에 입소할 정도의 우수한 인재를 선발해야 할 것이고 뽑은 인재에 대해서는 체계적인 교육훈련 프로그램을 마련하여 육성해야 할 것이다. 여기에다 하나 더 추가할 것은 경쟁시스템을 도입하는 것이다. 스포츠 선수들이 선수촌에 입소했다고 모두 국가대표 선수가 되는 것은 아니다. 또다시 치열한 경쟁을 통해서 국가대표로 선발되는 것이다. 안전 분야도 과거에는 공무나 생산 분야 등에서 경쟁력이 떨어지는 사람들이 밀려나 어쩔 수 없이 근무한다는 인식도 있었으나 이제 기업 스스로 안전 분야가 한직이라는 인식부터 전환해야 한다. 아울러 우수 인력을 확보하는 것에 그치지 않고 미래 우리 기업을 책임질 인재로 성장할 수 있도록 육성하는 것에 집중하여야 한다.

최근 정부나 우리 사회에서 안전에 대한 요구 수준이 점점 높아지고 있다. 요구 수준에 대응하는 소극적인 방식만으로는 성공적인 기업경영이 어려울 수 있다. 스포츠 경기에서 극단적으로 수비만 한다면 비길 수는 있어도 공격 없이 승리할 수는 없다. 안전 환경이 변할 때 인재경영만큼은 공격적으로 수행하자.

3 물적 투자와 인적 투자의 균형을 유지하라

우리가 살아가면서 균형이 얼마나 중요한지에 대해서는 균형 잡힌 식습관, 신체 균형, 일과 삶의 균형 등 자주 사용하는 말들을 통해 확인할 수 있다. 음식을 섭취할 때 영양의 균형이 나쁘면 질환이나 발육장애가 생기거나 심신의 건강을 잃게 될 수도 있고, 신체에 균형이 깨지면 몸에 이상이 생긴다. 무거운 물건을 한쪽으로 들거나 한쪽 다리에 힘을 주고 오래 서 있든지 부적절한 자세로 장시간 일을 하거나 무리한 힘을 사용하면 부상을 입거나 통증이 발생한다. 의욕적으로 일에 몰두하면 사람이 극도의 신체적·정신적 피로감을 호소하는 번아웃 증후군(burnout syndrome)이 발생한다.

1872년에 국립공원으로 지정된 미국 옐로우스톤 국립공원

(Yellowstone National Park)의 사례를 보면 생태계의 균형이 얼마나 중요한지 알 수 있다. 1800년대 미국에서는 목축업이 성행하면서 가축과 사람들의 공격을 우려하여 늑대를 사냥했는데 옐로우스톤에서 최상위 포식자인 늑대가 없어지자 초식동물의 수가 급격히 증가하고 나무와 풀이 사라지면서 생태계가 연쇄적으로 균형을 잃고 황폐화된 적이 있었다. 1995년 14마리의 늑대를 옐로우스톤 국립공원에 방사한 후 늑대들이 최상위 포식자 역할을 하며 초식동물의 수가 다시 줄어들자 풀과 나무가 자라나고 새와 각종 동물들이 다시 찾아오면서 생태계의 안정을 가져왔다는 것은 널리 알려진 이야기다.

기업의 노사관계에서도 힘의 균형이 필요하고 국가 간에도 힘의 균형이 깨지면 전쟁이 일어나거나 힘이 약한 국가가 힘이 강한 국가에 예속되는 현상이 발생할 수도 있다.

안전의 경우는 어떤가? 산업재해를 예방하기 위한 대책은 균형감 있게 실시되고 있는가? 산업재해를 예방하기 위한 다양한 접근법 중 사고 위험이 있는 노후화된 기계·설비를 교체하거나 근원적으로 안전이 확보된 기계의 도입 또는 안전장치가 없는 기계·설비에 안전장치를 부착하거나 개발함으로써 안전을 확보하는 공학적인 접근법이 주류를 이루는 데 반해, 엄격한 법령 적용이나 캠페인, 교육 등을 통한 정책적인 접근법은 상대적으로 적은 편이다.

안전시설 개선만으로는 사고 못 막아

안전을 확보하는 방법 중 가장 좋은 방법은 근원적인 안전을 확보하는 것이다. 2중, 3중의 안전시스템을 갖춘 항공기나 KTX, 원자력발전소 등은 사고가 발생하지 않는가? 찰스 페로Charles Perrow 미국 예일대 사회학과 교수는 사고는 아무리 효율적인 안전장치를 동원해도 피할 수 없으며 누구의 잘못이라고 딱 부러지게 지적하기 어려운 사고를 정상사고(Normal Accident)라고 했다. 페로 교수는 『무엇이 재앙을 만드는가?』(원제: Normal Accident)에서 고위험 기술이 사회 전반에서 빠르게 늘어나고 있고 시스템이 워낙 복잡하게 연계되기 때문에 사고를 예방하는 일이 쉽지 않으며, 고위험 시스템은 사고발생을 불가피하게 만드는 속성을 가지고 있다고 말한다. 또한 현대 산업사회에서는 불가피하게 장애를 초래하는 시스템의 복잡성 때문에 경고 장치와 안전장치를 추가하는 전통적인 대책이 통하지 않으며, 사고 방지대책이 오히려 복잡성을 높여 새로운 범주의 사고를 일으킬 수도 있다는 점을 경고하고 있다.

중대재해가 발생한 사업장의 사고조사보고서를 보면 안전사고의 원인을 대부분 안전의식의 부족, 시설불량 및 열악한 환경, 안전교육 미비 등으로 제시하고 있는데, 이를 종합해 보면 불안전한 행동과 불안전한 상태가 안전사고의 원인임을 알 수 있고 사고예방 대책도 이 두 가지 요인에 집중되어 있다. 불안전한 상태만 개선하면 사고는 나지 않을 것인가? 불안전한 상태 개선, 즉 물物 자체의 결함, 안전방호장치의 결함, 작업장소의 결함이나 작업환경의 결함 등을 개선하면 괜찮을까? 사고가 줄어드는 것은 분명하나 이것만으로 충분하지 않다는 것도 분명하다. 안전대책이 어떤 성과를 올릴 것인지 그렇지 않을 것인지를 결정하는 것은 그 대책으로 인해 사람들의 행동이 어떻게 변하는지에 달려 있다고 볼 수 있다.

안전보건경영시스템 인증을 위해 방문한 어느 공기업 지역본부장과의 면담에서 본부장은 "우리 시스템은 2중, 3중으로 안전시스템을 갖추고 있어 사고가 일어날 확률이 거의 'zero'에 가깝다."고 하였다. 정말 그럴까? 그런 대화를 한 이후에도 사고는 여러 번 일어났고 안전시스템이 아무리 잘 구축되어 있어도 그것을 운용하는 사람 때문에 앞으로도 일어날 것이다.

요즘 사업장에서 스마트 안전기술을 적용한 안전관리시스템을 도입했다는 이야기를 심심찮게 들을 수 있다. 웨어러블 카메라Wearable Camera를 통한 스마트 안전 플랫폼(Smart Safety Platform)을 구축하여 현장의 상황이 실시간으로 중앙통제실로 전송되고 위험요소가 제거되지 않은 상태에서 작업을 하면 중앙통제실에서 현장으로 대책을 강구하고 작업을 하도록 지시하는 등 과거에 비해 안전관리가 확실히 발전한 것도 사실이다. 그럼 장비가

더 안전해지고, 보호구가 더 완전해지고 작업환경 등이 좋아지
면 우리가 기대하는 안전의 성과는 달성될 것인가?

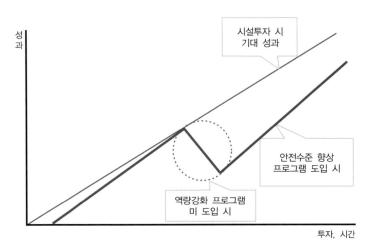

〈안전시설투자와 기대성과 : N곡선〉

안전장치를 설치하고 시설을 개선하는 등의 물적 안전대책만
으로는 달성하기가 어려울 것이다. 단기적으로 성공할지 몰라도
물적 안전대책이 향상되어 사고가 줄어들면 사람들은 리스크가
낮아졌다고 느끼게 되어 장기적으로 원래 수준으로 돌아갈 것
이다.

낮아진 리스크만큼 또 다른 위험 감수

사고를 예방하기 위한 대책이 왜 리스크를 낮추지 못하는 것일까? 인간은 자신이 안전하게 보호받고 있다고 느끼는 만큼 리스크를 증가시키는 방향으로 행동을 변화시키는데 이것을 '리스크 보상(risk compensation)'이라고 한다. 즉, 리스크 보상이란 낮아진 리스크를 메우기 위하여 행동이 변화하여 원래의 리스크 수준으로 되돌아가는 것을 말한다. 리스크가 낮아지면 사람들은 왜 리스크가 큰 방향으로 행동이 변하는 것일까를 설명한 이론이 '리스크 향상성 이론(Risk homeostasis theory)'[34]이다. 리스크 향상성 이론은 1982년 캐나다의 학자 제럴드 와일드Gerald Wilde가 『리스크 어날리시스Risk analysis』에 발표한 것으로 사고를 발생시키고 재해를 유발할 가능성을 가진 리스크에도 향상성이 있다는 것이다.

제럴드 와일드는 어떠한 활동이라도 사람들이 그 활동으로부터 얻을 수 있을 것이라고 기대하는 이익과 서로 바꿀 수 있는 자신의 건강, 안전, 그 밖의 가치를 훼손하는 리스크의 주관적 추정치를 어느 정도 수준까지 받아들이며, 사람들은 건강·안전 대책에 따라 행동을 바꾸지만 그가 자발적으로 책임져야 할 리스크의 양을 바꾸고 싶다고 생각하게 하지 않는 한 행동의 위험

---

34) Gerald J. S. Wilde, 「The theory of risk homeostasis: Implication for safety and health」, Risk analysis2, 1982.

성은 변화하지 않는다고 하였으며 실험을 통한 결과에서도 확인이 되었다.

1980년대 독일 뮌헨의 택시기사들을 대상으로 ABS(Anti-lock Brake System)가 부착되어 있는 택시와 부착되지 않은 택시를 대상으로 실험을 한 결과 ABS 장착 차량과 비장착 차량 간의 사고 건수와 사고의 크기에서는 차이가 발견되지 않았다. 오히려 ABS 장착 차량 운전자는 비장착 차량의 운전자에 비해 커브 길을 돌아가는 방법, 차선 내에서 휘청거림, 전방의 시야가 나쁜 경우의 운전, 합류방법 면에서 나쁘게 나왔다. 합류방법에서 ABS 장착 차량 운전자는 난폭하게 운전하기 때문에 주변 교통을 혼란시키는 경우도 많았다. 또한 주행 속도도 ABS 장착 차량이 비장착 차량에 비해 높게 나왔으며 1990년대에 캐나다와 노르웨이 운전자들에게 같은 실험을 했을 때에도 동일한 결과가 나왔다.[35] 이처럼 운전자들은 ABS가 자신을 더 안전하게 해주는 만큼 위험을 더 감수했던 것이다.

교육훈련 등 인적 투자 병행해야

여기서 반드시 생각하고 넘어가야 할 점은 물적 요소만으로

---

35) 하가 시게루, 조병탁·이면헌 옮김, 『안전 한국 1 안전의식 혁명』, ㈜한언, 2014. 재인용.

는 안전을 담보하기 어렵기 때문에 인적요인에 대한 장기적인 투자가 필요하다는 것이다. 인적 사고요인은 주로 순간적인 착각이나 업무능력의 부족, 안전에 대한 인식 부족 등을 들 수 있는데 이를 해결하기 위한 대표적인 방안은 교육훈련을 들 수 있다. 사업장에서 안전대책의 일환으로 실시하는 교육을 원칙에 입각하여 잘 하는 기업들도 있으나 많은 기업에서 형식적이고 시간 때우기식으로 진행하고 있다는 것은 널리 알려진 사실이다. 사람에 대한 투자 없이 지속적인 성과를 기대한다는 것은 아주 단편적인 시각이다. 기업이 존속하는 한 안전을 확보하기 위해서는 물적 요소에 대한 투자와 함께 안전에 대한 지속적인 역량 강화 프로그램을 도입하고 실시하여 수준을 향상시키는 것을 병행할 때 우리가 기대하는 성과와 함께 안전이 확보될 수 있음을 기억하여야 한다.

여러 연구결과에서 보듯이 기업에서 지원하는 교육훈련은 조직에 대한 애착심을 고취시키고 이직률을 낮추는 데 유의미한 영향을 미치며(Sieen, 2007), 교육훈련에 투자를 많이 하는 기업은 업무수행 성과가 더 높고 기업훈련, 개발 투자, 직무안정성 등이 구성원의 조직 몰입에 영향을 미치는 요인으로 나타났다(Bassi & Van Buren, 1999). 또한 기업이 제공하는 업무 관련 교육이나 훈련은 구성원의 조직 몰입을 향상시켜 결과적으로 효율적인 업무수행과 성과창출에 기여함으로써 구성원들의 이직 의도

를 낮추는 데 긍정적인 영향을 미친다(Green et al., 2000).[36]

다람쥐는 겨울을 나기 위해 가을이 되면 도토리를 주워 자기만 아는 비밀 장소에 숨기는데, 숨긴 도토리의 일부는 다람쥐의 먹이가 되고 일부는 긴 겨울을 지나 봄이 되면 뿌리를 내리고 자라 훗날 숲을 이루어 또다시 다람쥐에게 도토리라는 풍성한 먹이를 제공한다. 이와 같이 인적자원에 대한 교육훈련을 통한 행동변화는 훗날 기업의 경쟁력을 향상시키고 장기적인 관점에서 안전에 대한 수준을 높이고 성과를 내는 중요한 요소로 역할을 할 것이다. 안전을 위해 물적요인에 대한 투자와 함께 인적요인에 대한 투자의 균형에 소홀함이 없어야 하겠다.

---

36) 박영용, 「교육훈련이 조직몰입에 미치는 영향: 양면성 혁신의 매개효과와 조직커뮤니케이션의 조적효과를 중심으로」, 동국대학교 대학원 박사학위논문, 2020.

4 관심 가지는 자에게 최대한 지원하고 중심이 되는 인물을 공략하라

아주 오래된 일로 미니스커트가 처음 우리나라에 들어왔을 때 사람들의 반응은 어땠을까? 우리나라에 처음으로 미니스커트를 입은 사람은 가수 윤복희 씨로 알려져 있는데 미니스커트로 인해 대중잡지 등 언론에 화제가 되기도 했다. 1970년대 장발이 유행했을 때에도 나이 드신 어른들은 젊은이들을 아마도 걱정스러운 눈으로 바라봤을 것이다. 지금 생각하면 웃음밖에 나오지 않지만 1970년대만 하더라도 치마 길이와 장발을 단속하던 시대였다.

어떤 대상에 대해 다른 사람보다 먼저 한다는 것은 그 대상에 그만큼 관심이 많다는 뜻이다. 국어사전에서 '관심'을 찾아보면 '어떤 것에 마음이 끌려 주의를 기울임. 또는 그런 마음이나 주의'라고 되어 있다. 우리가 좋아하는 것은 생각하지 않으려고 해도 자꾸 생각이 나지만 싫어하는 것은 생각조차도 하지 않고 무관심하다. 대학생이 되어 처음 당구를 배웠을 때 집에 돌아와 방에 누워 있으면 천장이 당구대처럼 보이고 어떻게 치면 될까를 상상하던 시절이 있었다. 그만큼 당구에 관심이 많았다는 것이다. 관심이 많으면 좋아하게 되고 결국은 잘하게 마련이다.

간혹 백화점이나 쇼핑센터의 장난감 가게 앞에서 어린아이는 장난감에 관심이 많아 뚫어지게 쳐다보고 있고 어머니는 시간이 없다면서 빨리 가자고 재촉을 하는 장면을 볼 수 있는데 다른 여러 가지 설명이 필요 없이 어린이가 장난감에 관심이 많다는 것이고 가지고 싶다는 것을 표현하는 것이다. 요즘엔 관심 있는 상대를 집요하게 쫓아다니면 스토커로 의심을 받고 경찰서 신세를 질 수도 있지만 과거에는 좋아하는 이성을 만나고 싶은데 잘 되지 않을 때 친구에게 어떻게 하면 좋겠느냐고 조언을 구하면 '열 번 찍어 안 넘어가는 나무 없다.'며 여러 번 시도하면 결국 이루어지니 관심을 가지고 계속해서 시도하라고 조언을 하던 시절도 있었다.

관심이 유행이 되고 문화로 발전한다

사업주를 대상으로 안전에 대한 강의를 하다 보면 안전모나 안전화 등 개인보호구를 지급해도 착용하지 않으니 어떻게 하면 좋겠느냐는 질문을 몇 번 받은 적이 있다. 말로는 쉬운 질문이나 정말 답변하기 어려운 질문이다. 있는 그대로 좋게 해석을 하면 '대안을 알려 달라'는 뜻이고 반대로 생각하면 '나는 돈을 들여 내가 해야 할 의무는 다했으니 책임이 없는 것 아니냐'로 들릴 수도 있다. 대기업 등에서는 개인보호구를 착용하고 일을 하는 것이 문화로 정착된 곳도 있지만 아직 중소규모 사업장에서는 그렇지 않은 곳도 많다.

잠시 생각을 하다 이렇게 답변을 했다. 안전모를 쓰고 안전화를 신고 일을 한다는 것은 불편한 것이 분명하다. 특히 더운 여름철의 경우에는 더더욱 그렇다. 개인보호구를 착용하고 일을 하라고 하면 현장에서 오랜 경험이 있는 분들 중에는 '내가 이 바닥에서 안전모, 안전화를 착용하지 않고 삼사십 년 일했어도 아무 일 없었으니 걱정하지 말라'고 오히려 무안을 주기도 한다. 이런 경우에는 과감히 그분들은 제외하고 사업주에게 호의적이고 안전에 관심 있는 직원들에게 우선 보호구를 먼저 착용시키라고 말씀드린다. 그러면서 패션 등이 어떻게 유행이 되고 문화가 되는지를 설명한다.

앞에서도 언급했듯이 처음 가수 윤복희 씨가 미니스커트를 입었을 때 '정말 이상하다'고 생각을 했을 것이다. 몇 년 전부터 유행하여 지금도 흔히 볼 수 있는 '체형이 그대로 드러나도록 몸에 꼭 맞게 입는 바지'인 '스키니'를 맨 처음 입고 거리를 활보하는 여성을 봤을 때를 상상해 보라고 하고 질문을 한다. '뭐라고 한마디 했을 것 같으냐?'고 하면 대부분 머뭇머뭇하다 용기(?) 있는 분들 중에는 '멋있다'가 아닌 '멋~있다.' '보기 좋네.'라고 말을 한다.

정말 그랬을까? 패션에 보수적이고 나이 드신 분들 중에는 '저걸 옷이라고 입고 다니나.'라고 말을 했을 분들도 꽤나 있었을 것이다. 그러나 지금 '스키니'를 입고 다닌다고 보수적이거나 나이 드신 분들도 이상하게 보지 않고 자연스럽게 받아들이는 분위기이다.

남성 패션도 지금은 바지통이 좁고 착 달라붙는 옷이 유행인데 십 년 전쯤에 유행했던 바지통이 넓은 바지를 입고 거울 앞에 서면 왠지 사람이 멍청하게 보이는 느낌이 든다. 왜 그럴까? 이유는 간단하다. 유행하는 패션이 아니고 지금 자주 볼 수 없는 모습이기 때문이다. 이렇게 유행이 되기까지는 맨 처음이나 앞서서 무엇을 한다는 것이 이상하게 보이지만, 유행이 되고 나면 그것을 따라 하지 않는 사람들이 오히려 이상하게 보이게 된다.

안전도 마찬가지다. 안전모를 착용하지 않은 사업장에서 혼자 안전모를 착용하고 있으면 동료들의 시선이 따가울 수밖에 없다. 그러나 열 명 중 아홉 명이 착용하고 있는데 한 명이 착용하지 않으면 바로 그 한 명이 이상하게 보이게 된다. 이렇게 되기까지는 시간이 다소 걸리겠지만 개인보호구 착용에 관심을 가지고 이것이 유행이 되어 사업장에서 지속될 수 있다면 그 사업장에는 개인보호구를 착용하는 것이 문화로 발전할 수 있는 것이다.

영향력 있는 인물이 안전에 관심 갖게 해야

관심은 스포츠나 학습 효과 등에도 영향을 미친다. 부모의 관심도가 골프선수의 심리상태와 경기력에 미치는 영향에 관한 연구[37]에서는 부모의 긍정적인 관심은 선수들의 심리기술, 스트레스 대처, 특성불안, 인지된 경기력에 긍정적인 영향력을 미치며, 부정적인 관심은 선수들에게 부정적인 영향을 미치는 것으로 나타났는데 이는 선수들의 경기력 향상에 부모의 역할이 중요함을 보여주는 결과라 할 수 있다. 외국인을 대상으로 한 주제에 대한 관심과 숙달도가 한국어 말하기 능력에 미치는 영향에 대한 연구결과[38]를 보면 말하기 능력 중 주제에 대한 관심이 높을수록 유창성이 높게 나타났고 관심이 있는 주제에 대해서 의사소통 전략을 더 활발히 한 것으로 나타났다. 또한 체육

---

37) 김도희, 「부모관심도가 골프선수의 심리상태와 경기력에 미치는 영향」, 용인대학교 체육과학대학원 석사학위논문, 2013.
38) 노아실, 「주제에 대한 관심과 숙달도가 한국어 말하기 능력에 미치는 영향」, 이화여자대학교 대학원 석사학위논문, 2006.

성적이 좋을수록 수업과 운동 과제에서 더 적극적으로 참여하고 수업에 대한 만족도 및 관심이 높다는 연구결과[39]도 있다.

그렇다면 조직 내에서 모두가 관심을 가지면 가장 바람직하겠지만 그렇지 않을 경우 누구에게 먼저 안전에 관심 가지게 할 것인가? 요즘에는 직원을 채용하고 직무교육을 시키면 직무교육을 수료하기 전에 동기들끼리 단체 채팅방을 만들고 소통하는 모습을 쉽게 볼 수 있고 얼마 지나지 않아 동기 중에서 흔히 말하는 오피니언 리더가 생기기 시작한다. 비단 안전뿐만 아니라 모든 영역에서 소통하고 분위기 조성을 원활하게 하려면 오피니언 리더나 인플루언서, 즉 중심인물이 관심을 가질 때 영향력이 가장 커질 수 있다.

유명 연예인들이 공인으로서 사회적 물의를 일으켜 광고 등에서 하차하는 경우가 있는데 영향력이 너무 크기 때문일 것이다. 인플루언서가 마케팅에서 얼마나 영향력을 미치고 중요한 역할을 하는지에 대한 연구에서도 스마트폰 사용의 증가로 인해 SNS(Social Network Service)가 대중화되고 SNS 플랫폼을 통한 마케팅이 활발해짐에 따라 인플루언서 마케팅이 브랜드 이미지, 구매의도에 영향을 미치는 것으로 나타났으며,[40] 특히 인플루

---

39) 박수현, 「학생들의 체육수업 관심사가 참여태도에 미치는 영향」, 단국대학교 교육대학원 석사학위논문, 2007.

40) 이승민, 「소셜인플루언서의 특성이 제품의 브랜드이미지, 태도 및 구매의도에 미치는 영향」, 숭실대학교 경영대학원 석사학위논문, 2019.

언서가 신뢰성이 있고 전문적일 때 구매의도에 가장 영향력을 미치는 것으로 나타났다.[41]

　체육, 마케팅 등 특정 분야의 연구결과를 안전 분야에 일반화하여 적용하는 것은 다소 무리가 있을 수 있으나 이러한 결과들을 안전 분야에 적용해 보면 사업주의 안전에 대한 관심은 직원들에게 긍정적인 영향을 미칠 수 있음을 알 수 있다. 또한 안전에 관심 있는 직원들은 그렇지 않은 직원들보다 안전과 관련된 의사소통이 활발하며, 사고경험이 없고 안전 확보를 잘 하는 직원일수록 안전조치에 대한 만족도와 관심이 높다고 볼 수 있다.

　결국 오피니언 리더 등 중심인물이 안전에 관심을 가질수록 영향력도 크고 효과도 높아질 것이다. 아울러 안전에 관심을 가지는 직원에게 사업주의 지원이 동반된다면 효과는 더욱 배가될 것이 분명하다.

---

41) 권민주, 「SNS 인플루언서 특성이 구매의도에 영향을 미치는 요인간 우선순위 분석: 유튜브를 중심으로」, 숭실대학교 대학원 석사학위논문, 2019.

5 좋은 팀워크는 사고예방의 중요한 요소이다

소풍, 수학여행과 함께 학교에서 하는 대표적인 행사로 운동회가 있다. 지금은 많이 없어지기도 했지만 기업에서도 직원들의 단합과 친선 등을 위해 봄이나 가을에는 체육대회를 개최했다. 운동회나 체육행사에는 매스게임, 체조, 응원, 기마전, 달리기 등 볼거리가 많았고 시골 학교에서는 마을 사람들이 구경을 나오고 말 그대로 축제의 장이 열렸다.

운동회에는 개인 종목도 많으나 두 사람 이상이 하는 경기 가운데 빠지지 않는 것이 부모와 학생 또는 학생들끼리 두 사람이 다리를 묶고 달리는 게임과 이어달리기(릴레이)인데 두 경기의 공통점은 팀워크가 필요하다는 것이다. 다리를 묶고 달리는 게임에서 한 사람이 빨리 가겠다고 서두르면 여지없이 넘어지는 문제가 발생하고 이어달리기에서도 자칫 배턴 터치(baton pass)가 잘못되어 떨어뜨리기라도 하면 그 팀의 성적은 형편없이 뒤로 처지게 된다.

1970년대 유행했던 프로레슬링에도 2인1조로 팀을 이루어 경기를 벌이는 '태그 매치'가 있었는데 한 명이 상대편에게 공격을 너무 당하여 지쳐 있거나 상대편의 선수가 누구인지에 따라 교대하는 것이 좋다고 판단될 때는 손을 터치하여 경기자를 교대하는 팀플레이였다. TV를 보면서 손 터치가 아슬아슬하게 이루어지거나 손 터치가 되지 않았을 때 마음을 졸이면서 응원했던 기억이 난다.

테니스, 탁구의 복식경기, 축구나 농구 등 단체 게임에서 '스타플레이어'의 존재는 중요하다. 스타플레이어는 경기를 풀어나가는 데 핵심적인 역할을 하는 존재이자 팀의 소중한 자산이기도 하다. 하지만 스타플레이어의 개인기에 너무 의존하거나 조직력을 갖춘 팀플레이가 이루어지지 않는다면 팀이 승리하기는 어렵다.

독일의 심리학자 링겔만MaXimilien Ringelmann은 줄다리기 실험을 통해 집단 구성원들의 공헌도 변화 추이를 측정했는데, 개인의 힘 크기를 100%라고 가정했을 때 3명, 5명, 8명 등으로 집단 구성원 수를 점차 늘려 가며 집단 전체의 줄 당기는 힘을 측정한 결과 어떤 집단에 속하는 구성원의 개인별 집단 공헌도가 집단 크기가 커질수록 점점 낮아지는 경향을 발견했다. 이를 '링겔만 효과(Ringelmann effect)'라 하는데 링겔만 효과가 나타나는 이유로 협업에 참여하는 개인의 성취도 부족과 집단 구성원별 역할에 대한 효과적인 '조율 부족(coordination problem)'을 꼽았다. 즉 다수라는 익명성 뒤에 숨은 집단 구성원 개개인이 '나 하나쯤이야'라는 생각으로 자기역량 발휘에 충실하지 않는 도덕적 해이 가능성이 높다는 것이다.[42]

〈링겔만 실험 : 구성원의 변화에 따른 집단 공헌도〉

팀워크 부족이 사고로 연결

기업에서도 일을 할 때 단독으로 하는 일과 두 사람 이상이 함께 일을 하는 공동작업이 있는데 단독작업은 본인이 실수를 하

---

42) 이한영, 『상식으로 보는 세상의 법칙: 경제편』, 21세기북스.

지 않는다면 그 일을 완수하는 데 별 무리가 없다. 그러나 공동 작업은 한 사람이 아무리 일을 잘 하더라도 팀워크나 조율이 잘 못되어 누군가의 실수나 오류가 생긴다면 사고로 연결되게 된다.

2014년부터 2018년까지 공식통계인 산업재해현황분석 통계 중 산업안전보건근로감독관집무규정(고용노동부 훈령)에 의해 근로감독관이 조사한 사망재해를 기준으로 단독작업과 2명 이상 작업의 비율을 보면, 제조업은 5년 연속 단독작업에 의한 사망재해자가 많으나 건설업은 2018년을 제외하고 2인 이상 작업에서 사망재해가 많이 발생하였다.

공동작업에서 사고의 원인은 정보의 불완전성이나 협력적 분위기 미흡, 의사소통의 부족과 연락이 제대로 되지 않는 등 팀워크가 미흡한 경우가 대다수를 차지한다.

팀워크에 영향을 미치는 요소로는 열린 의사소통, 협력적 분위기, 핵심 가치, 참여자의 만족도, 신뢰 등을 들 수 있다. 소통과 분위기에 대해서는 제1장 「3. 현장의 의견을 경청하고 소통하라」와 제4장 「2. 안전은 분위기이다」를 참고하기 바란다. 핵심 가치는 팀원에게 방향성을 제시하며 일관성 있게 추진되는 것이 중요하다. 사고예방을 위하여 핵심 가치에 안전을 포함하고 직원들이 안전에 대한 방향성을 잃지 않고 일관성 있게 추진할 수 있도록 하는 것이 필요하다.

만족도는 사전적 의미로는 '만족을 느끼는 정도'이다. 즉 개인이 직무 등 어떤 것에 대한 평가의 결과로 얻게 되는 즐겁고 긍정적인 상태를 의미하는데 만족도가 높을수록 조직 구성원들에게 활기를 불어넣게 된다. 그러므로 도전의식을 가질 수 있도록 목표를 설정하는 것이 중요하나 너무 높은 목표 설정으로 중도에 포기하지 않도록 하여야 한다. 그리고 어떻게 목표를 설정할 것인가도 매우 중요한데 예를 들어 기계가 자주 고장이 나서 생산에 차질을 줄 때 기계를 빠른 시간 내에 수리하여 복구하는 것도 중요한 요소일 것이다. 이때 만약 리더가 조직 구성원에게 '신속한 복구'를 목표로 한다면 직원들은 예방보다는 복구에 훨씬 많은 비중을 둘 것이다. 만약 목표가 '고장률 제로'였다면 직원들의 생각과 행동은 예방점검에 주안점을 두었을 것이다. 이처럼 리더가 어떻게 목표를 부여하느냐에 따라 조직의 제도나 프로세스, 직원들의 사고는 달라질 수 있다. 또한 목표는 보상과 연계하여 목표를 달성하는 데 신경을 쓰도록 하여야 한다.

신뢰를 바탕으로 한 팀워크 필요

신뢰는 사람이 살아가면서 인간관계나 소통, 개인과 조직의 미래, 안전에 지대한 영향을 미친다. 신뢰는 쉽게 쌓을 수 없을뿐더러 쉽게 회복하기도 어렵다. 독일 자동차 회사인 폴크스바겐은 유럽 자동차이면서 합리적인 가격 등으로 소비자들의 호평을 받았으나 배출가스 조작파문으로 믿을 수 있는 차량이라는 믿음을 한순간에 무너뜨렸다. 신뢰는 말로 얻을 수 있는 것이 아니고 CEO부터 직원에 이르기까지 하나의 팀이 되어 행동으로 보여주어야 하는 것이다.

병원의 수술실에서는 의사, 간호사 등 여러 사람이 팀을 이루어 수술을 하는데 수술에 참여하는 팀 구성원들은 환자를 보호하기 위한 지식, 기술, 태도 등 필요한 역량을 갖추어야 하고 효율적인 팀워크가 이루어져야만 사고 없이 수술을 마치고 환자의 생명을 구할 수 있다. 만약 수술하는 팀의 어느 한 사람이라도 신뢰할 수 없다면 팀 자체가 달리 구성될 수도 있는 것이다.

LG화학 공식 블로그인 LG 케미토피아 2014년 서베이 토크 Survey Talk에 의하면 직장생활에서 '신뢰'가 차지하는 비중이 크다고 응답한 사람들이 96.7%이고, 신뢰가 결정적으로 필요한 순간은 '협업 시'라는 답변이 65.4%를 차지했다. 신뢰를 쌓는 데 부정적인 영향을 미치는 주요 원인으로는 의사소통의 부재가 42.2%, 상사(과장) 및 거짓말이 30.4%로 나타났다. 여기에서 보는 것처럼 업무는 혼자 하는 것이 아니라 공동으로 하는 것이다.

자동차도 내가 아무리 조심해서 운전을 한다고 해도 상대편이 잘못하면 사고가 난다. 도로를 운전하는 모든 운전자들이 한 팀이라는 의식을 가지고 안전운전을 한다면 사고는 발생하지 않는 것이다.

안전은 우리가 함께 가꾸는 정원이자 보금자리이다. 팀원 중 누
군가가 정원을 해치면 아름다움은 지속될 수 없고 추한 모습으로
변한다. 모두의 안전을 위해서 내가 안전한 행동을 할 때 동료의
안전도 확보될 수 있고, 함께하는 사람들의 노력이 있을 때 결실
을 맺을 수 있다. 기업에서 작업을 할 때 안전을 위하여 단독작업
이라도 '팀'이나 '부서'까지 업무범위를 확장하여 팀이나 부서에
서 상호 간에 알아야 할 정보가 제대로 전달되고 협조체제가 이루
어지는지 등에 대해 면밀히 살펴봐야 하는 이유도 여기에 있다.

(단위: 명)

구 분	계	2014년				2015년			
		소계	제조	건설	기타*	소계	제조	건설	기타
계	3,964	753	243	346	164	768	222	349	197
단독	2,132	308	122	103	83	389	143	138	108
2-3명	1,252	312	96	158	58	260	66	130	64
4명 이상	522	131	25	85	21	115	13	78	24
분류불능	58	2	0	0	2	4	0	3	1

구 분	2016년				2017년				2018년			
	소계	제조	건설	기타	소계	제조	건설	기타	소계	제조	건설	기타
계	826	221	391	214	816	207	385	224	801	192	371	238
단독	369	105	151	113	395	115	167	113	671	157	307	207
2-3명	294	93	128	73	273	64	124	85	113	29	56	28
4명 이상	155	22	108	25	108	24	70	14	13	6	4	3
분류불능	8	1	4	3	40	4	24	12	4	0	4	0

* 기타는 제조업과 건설업을 제외한 광업, 전기가스수도업, 운수창고통신업, 기타업종임.
출처 : 산업재해현황분석, 고용노동부, 2014-2018년.

<동시작업 인원별 사망재해 현황>

6 안전을 확보하려면 지켜보는 사람이 필요하다

    사람들은 본인들이 무엇에 관심이 있느냐에 따라 정보를 선택적으로 받아들이고 보는 관점도 많이 달라진다. 낚시를 좋아하는 사람들은 길을 가다 저수지가 있으면 낚시가 잘 될 것인가, 다음에 올 때 어떻게 올 것인지 등에 대해 누구보다 잘 기억하고 자기가 알지 못하는 곳에 위치한 저수지도 말만 듣고 찾아가는 데 별 어려움을 겪지 않는다. 골프를 좋아하는 사람들은 골프 연습장 간판이 유독 눈에 들어오고, 얼마 전에 꽃집을 오픈한 친구는 길을 가다 보면 꽃집만 눈에 들어온다고 한다. 이런 것들은 우리의 감각기관에 어마어마한 양의 정보가 들어오면 정보를 다 받아들이지는 못하고 우리가 듣고 싶은 내용의 정보만 집중해서 듣게 되는 칵테일 효과(cocktail party effect)[43]와 비슷한 것이다.

2015년 여름에 상영된 <베테랑>이란 영화를 보면서 유독 눈에 들어오는 장면이 있었다. 광역수사대 베테랑 형사 서도철(황정민 역)이 재벌 3세 조태오(유아인 역)에게서 알 수 없는 수상함을 느끼고 사건을 파헤쳐 가다가 영화가 끝날 무렵 그 둘이 맞짱을 뜨는 장면이 나온다. 처음에는 서도철이 우위를 점하는 듯하나 그가 주변에 깔린 CCTV와 시민들의 촬영을 의식하고 의도적으로 맞아주기 시작하고 결국 쓰러지고 만다. 그리고 서도철이 다시 일어나서는 "경찰폭행 추가야, 여기 다 찍혀 있어, 이 씨발새끼야! 지금부터 정당방위다."라고 말한다. 필자는 유독 CCTV든 시민들이든 누군가가 지켜보고 있다는 이 장면이 눈에 들어오고 기억에도 오래 남았다.

누군가가 지켜보고 있다는 것은 사람들의 행동에 제약을 주기 마련이다. 어린아이들이 어떤 좋지 않은 행동이나 하지 말아야 할 행동을 할 때 할아버지나 부모님이 쳐다보면 하던 행동을 멈추는 경우를 볼 수 있다. 아무 말도 하지 않고 단순히 쳐다보기만 했는데 행동이 멈추거나 개선된다.

---

43) 파티의 참석자들이 시끄러운 주변 소음이 있는 방에 있음에도 불구하고 대화자와의 이야기를 선택적으로 집중하여 잘 받아들이는 현상에서 유래한 말.

'단순존재효과'의 위력

사회심리학자인 로버트 자이언스Robert Zajonc 교수는 이처럼 누군가 단순히 존재하는 것만으로도 일 수행에 영향을 받는 것을 '단순존재효과(the mere presence effect)'라 했는데 당시 교수 밑에 있던 한 젊은 연구자가 절묘한 실험을 통해 존재만으로도 사람들에게 영향을 준다는 것이 무엇인지를 증명했다. 그 연구자는 대학원생들에게 현재 관심 있는 연구 주제가 무엇인지 적어보게 한 후 그 주제가 얼마나 좋은지를 스스로 평가하게 하였다. 그런데 이 질문을 던지기 바로 직전에 어떤 참가자들에게는 자이언스 교수의 찡그린 얼굴을 아주 빠른 속도로 화면에 제시하였다. 연구 참가자들이 인식할 수 없을 정도로 짧은 시간이었기 때문에 그들은 자신들이 자이언스 교수의 얼굴을 보았다는 사실조차 인식할 수 없었다. 그런데 자료 분석 결과, 놀랍게도 자이언스 교수의 찡그린 얼굴이 빠르게 제시되었던 조건의 피험자들이 그렇지 않았던 조건의 피험자들에 비해 자신의 연구 주제가 형편없다고 평가하는 것으로 나타났다.[44]

이런 현상들은 일상에서도 많이 찾아볼 수 있는데, 사업주들을 대상으로 교육을 할 때 "사업주가 교육을 온 오늘 여러분의 직원은 긴장을 하고 열심히 일을 할까요? 그렇지 않을까요?"라

---

44) 최인철, 『프레임(나를 바꾸는 심리학의 지혜)』, 21세기북스. 재인용.

고 질문을 하면 많은 분들이 그렇지 않을 것이라고 답변을 한
다. 요즘 무두절無頭節이라는 신조어가 있는데 '회사에서 직장
상사가 없는 날, 부하직원들이 자유롭게 업무를 볼 수 있는 날'
을 말한다. 이런 날 부서 분위기는 엄숙함은 없어지고 화기애애
하며 웃음꽃이 만발한다. 군대에서 독립부대로 파견 나가 있는
소대를 보면 왠지 군기가 없고 다소 자유스럽게 보이는 현상과
비슷한 것이다.

　요즘 중고등학생들이 자전거를 타다 자물쇠도 채우지 않고
그냥 두는 경우를 보고 자물쇠를 채우지 않으면 도둑맞지 않느
냐고 물어보니 대답은 하지 않고 손가락만 어느 한 지점을 가리
킨다. 손가락이 가리키는 곳을 보니 CCTV가 있다. CCTV가
있는 곳, 즉 누군가가 지켜보고 있는 곳은 도둑을 맞지 않는다
는 것이다.

　자전거 안장과 뒷바퀴가 없이 파손된 상태로 있는 다음 사진
은 부천시 어느 경찰서 옆에서 2019년과 2020년에 각각 찍은
사진이다. 정확히 언제 자전거 안장과 뒷바퀴가 없어졌는지는
알 수 없지만 이곳은 대로변이고 지하철이 있기는 하나 사람들
의 왕래가 아주 많은 곳은 아니며 CCTV도 설치되어 있지 않은
곳이다. 주인이 자전거에 열쇠를 채워둔 것으로 봐서 버린 자전
거가 아닌 것이 분명한데도 같은 장소에서 반복적으로 자전거

〈부천시 ○○경찰서 옆 자전거 보관 장소〉

부품이 없어지는 사건이 발생한 것이다.

사건의 원인을 자세히 알 수는 없지만 만약 이곳에 CCTV가 설치되어 있었다면 이런 일이 발생하였을까? 아마 그렇지 않았을 것이다. CCTV가 없거나 누군가 지켜보지 않는다면 경찰서 옆이라도 안전하지 않다는 것을 단적으로 보여주는 장면일 수 있다.

누군가 지켜보고 있다는 시그널

안전관리도 마찬가지다. 직원들에게 누군가 지켜보고 있다는 시그널을 지속적으로 줄 때 불안전한 행동이나 위험장소에 접근 등을 줄이고 사고를 사전에 예방할 수 있다. 요즘 건설현장에 나가 보면 안전화, 안전모, 안전대 등을 반드시 착용하도록 하고, 메이저급 회사에서는 보호구 착용을 하지 않을 경우 삼진 아웃 제도나 원 스트라이크 아웃 제도를 운영하는 곳도 있다. 이런 곳에서는 보호구 착용이 대부분 잘 지켜지고 있으나, 중소 규모 현장에서는 순찰을 실시할 때만 보호구를 착용하고 돌아서면 착용하지 않는 경우도 많이 볼 수 있다.

어떻게 지속적으로 착용할게 할 것인가? 많은 고민이 필요하다. 혹자는 보호구 착용은 최후의 수단이기 때문에 근본적인 대책이 필요하다고 할 것이다. 물론 틀린 말이 아니다. 근본적인 대책은 장기간의 시간이 소요될 수도 있고 이론적으로는 가능하나 실제 적용하는 것에 많은 애로가 발생할 수도 있기 때문에 우선적이고 당장 실현 가능한 방법을 고민해야 한다.

요즘은 건설현장이나 사업장의 웬만한 곳은 CCTV가 설치되어 있다. 건설현장에서 CCTV를 모니터링하다 위험한 행동이나 잘못된 방법을 사용하면 즉시 작업을 중지시키고 개선 후 작업을 하도록 하듯이 현장소장이나 안전관리요원이 순찰을 하든, CCTV로 모니터링하든 지속적인 관심과 시그널이 필요하다. 또한 정기적인 순찰보다는 불시에 순찰을 할 때 더 효과적일 수 있다.

또한 '누가 지켜볼 것인가?'에 대해서도 생각을 하여야 한다. 지위가 낮은 사람보다는 높은 사람이, 한 사람보다는 두 사람이, 매일 똑같은 사람보다는 다른 사람이 한다면 더욱더 효과가 있을 것이다.

사업주들이 창업을 하고 안정기에 들어가면 영업상 필요하거나 건강을 위하여 주중에 골프를 즐기는 경우를 볼 수 있다. 무차입 경영을 하고 있는 시흥의 어느 기업 회장님은 사업장에는 언제 어떤 일이 일어날지 알 수 없기 때문에 본인은 하루에 한 번 이상 반드시 현장을 직접 돌아보고 미흡한 점이 없는지 챙긴다고 말씀하신 적이 있다. 그러면서 주중에 골프를 다니고 사업을 소홀히 하면 어떻게 기업을 계속 운영할 수 있겠느냐고 반문하셨다. 산전수전을 겪은 회장님의 그런 노력을 보며 사고예방도 무차입 경영이 가능하다는 확신이 들었다.

04

안전을 문화로
승화시켜라

1 익숙함을 안전으로 착각하지 말자

아침 출근길 차창 밖을 내다보면 익숙한 풍경들이 스쳐 지나
간다. 계절이 바뀔 때면 가끔 '세월이 이렇게 빨리 가는구나, 그
동안 나는 뭐 했지.'라는 생각이 들기도 하지만 별 생각 없이 하
루가 지나가고 이런 모습들에 익숙해져 있는 것이 대부분 사람들
의 일상이기도 하다. 길을 가다 우연히 친구를 만나면 코로나바이
러스감염증-19(COVID-19) 이전에는 악수를 청하기 위해 손을
뻗는 것이 익숙했으나 이제는 악수를 해야 할지 주먹인사를 해
야 할지 쭈뼛쭈뼛하는 모습들이 연출되기도 하는데 평소와 달
리 어색함이 있다는 것이다.

새로운 길이 뚫렸을 때 평소 다니는 익숙한 길과 새로 난 길
중 어디로 갈 것인가 선택해야 할 때 많은 사람들은 익숙한 길

을 선택한다. 대구에서 부산까지 고속도로로 가는 방법은 두 가지가 있는데 하나는 기존의 경부고속도로를 이용하는 방법과 다른 하나는 대구-부산고속도로를 이용하는 방법이다. 대구-부산고속도로가 처음 개통되었던 초창기에는 경주, 울산 등으로 우회하던 노선을 직선으로 주행함으로써 운행거리와 시간을 크게 단축하는 효과가 있음에도 한동안 한산한 때가 있었다. 민간 운영 고속도로이기 때문에 통행료가 비싸기도 했지만 많은 사람들이 익숙한 기존의 경부고속도로를 이용했기 때문이다. 그러나 지금은 사정이 달라져 휴일 등에는 교통체증이 생길 정도이다.

군대에서 행군을 하거나 여행을 할 때 초행길은 멀게 느껴지고 돌아올 때는 상대적으로 가깝게 느껴지는데 이것도 익숙함 때문이다. 처음 가는 길은 이것저것 파악해야 하는 정보의 양이나 경험한 사건이 많기 때문에 시간이 길게 느껴지지만 익숙해지면 파악해야 할 정보의 양도 줄어들기 때문에 멀지 않다는 생각이 드는 것이다.

익숙하다는 것은 어떤 일을 여러 번 하여 서투르지 않은 상태나 어떤 대상을 자주 보거나 겪어서 처음 대하지 않는 느낌이 드는 상태로, 쉽게 말해 시간과 경험을 통해 편안하고 자연스러워지는 것이다. 하버드 대학교 의과대학 심리학 교수이며 글로벌 기업의 임원들을 위한 리더십 프로그램을 진행한 수전 데이비드Susan David 교수는 『감정이라는 무기(Emotional Agility)』에서 "만약 어떤 사람이 익숙하고 쉽게 접근할 수 있고 또 평소와 다름이 없는 환경에 놓여 있을 때처럼 편안하게 느낄 때 우리 두뇌는 지금 우리가 있는 곳에 만족하고 좋아한다. 반면, 무엇인가가 불편하다거나 처음 대하고 평소와 다르다고 느낄 때 공포가 자리를 잡는다."고 했다. 즉 인간의 두뇌는 종종 편안함(comfort)을 안전(safety)한 것으로 착각한다.

숙련자의 사고발생 비율 높아

사업장이나 현장에서도 이런 모습을 종종 목격할 수 있다. H빔을 이용하여 공장을 짓는 공사현장에서 노동자들이 10m 이상의 철골 위에서 아무렇지도 않게 걸어 다니거나 위험한 기계·설비의 안전장치를 제거하거나 작동이 되지 않도록 한 상태에서 익숙하게 일하는 모습을 보기도 한다. 위험을 잊어버린 채 편안하고 익숙하게 일을 하고 있는 노동자들에게 보호구나 안전장치가 제대로 설치되고 작동되도록 한 상태에서 일을 해야 한다고 하면 '안전장치가 있으면 불편하다.'거나 '이렇게 작업하는 것이 생산성도 좋고 편안하다.'고 대답한다. 이분들은 숙련도가 높아져서 안전하게 일을 하는 것이 아니라 익숙해져 있어 편안하다는 생각이 드는 것이다.

사람들은 보통 일에 대한 숙련도가 높아지거나 경험이 많으

면 사고가 줄어들 것이라고 생각들을 많이 한다. 경향신문기사
에 따르면 2018년 1월부터 2019년 9월까지 안전보건공단이 작
성한 중대재해조사 의견서 가운데 사고사망자가 발생한 1,305
건 중 숙련도를 확인할 수 있는 654명의 절반 이상인 334명
(55.8%)이 경력 10년 이상인 숙련노동자였다.[45) 통념과 달리 초
보자보다 숙련자의 사고사망 비율이 훨씬 높게 나타난 것이다.

　습관에 의한 실수도 초심자는 습관 강도가 형성되어 있지 않
기 때문에 작업표준이나 매뉴얼에 의지해 일을 하다 보니 시간
은 걸리지만 큰 실수는 일어나지 않는다. 반면, 숙련자는 기계
나 도구를 다루는 데 습관 강도가 형성되어 이미 익숙해져 있
어 특별한 주의를 기울이지 않더라도 일이 가능하다. 게다가
숙련자의 작업방식에서는 의식적으로 각각의 동작 순서를 잊은
채 동작하는 모습도 보이며 누군가가 기계의 조작 순서를 상세
히 설명해 달라고 하면 바로 답하지 못하고 한참 생각한 후에
답을 하는 경우도 많다. 단편적 개별운동이 연속적으로 나타나
는 것이 아니라 전체적인 동작의 도식 같은 것이 완성되어 있
어 행동이 자동적으로 진행된다. 그러다 보니 매일 같은 작업
흐름 속에 어지간한 착오가 있더라도 그것에 주의를 기울이지

---

45) 산재현황 공식 통계상의 근속기간별 사고사망자 통계를 보면 6개월 미만 근무자
　가 가장 높은 것으로 나타나는데 이는 해당 사업장에서의 근무경력만을 나타낸
　것이고 중대재해조사보고서상의 숙련도는 해당 근로자의 동종 분야 전체 근무경
　력을 표기하므로 공식 통계와 다를 수 있음.

않고 평소 순서대로 일해 버리며 늘 하던 습관에 끌려 판단을 잘못하거나 순서의 착오나 생략으로 인해 실수를 일으키게 된다.[46]

지금은 자주 사용하지 않으나 예전에는 '월요병'이라는 말을 많이 했다. 휴일 뒤에 다시 작업을 시작하는 월요일이 근로 의욕도 떨어지고 지각과 결근은 물론 사고나 에러 발생률이 높아지는 현상을 '월요 효과'라 하는데, 일본의 기리하라 시게미 박사는 '월요 효과는 숙련자에게는 현저하게 나타나는 반면, 미숙련자는 잘 나타나지 않는다.'고 했다. 그 이유는 '숙련자는 매 순간 전력을 다하는 것이 아니라 어느 정도 여유를 두고 일을 하기 때문에 휴일 다음 날은 일시적으로 작업에서 격리되었던 생활이 영향을 끼쳐 의식적으로 긴장하기 위한 노력이 필요하며 미숙련자에게 월요 효과가 발견되지 않는 것은 항상 의식적으로 노력을 기울여 작업을 하기 때문'이라고 했다.[47]

사람들과의 대화에서도 익숙한 친구 사이에서 말실수가 많은지 초면인 사람과의 대화에서 실수가 많은지 생각해 보면 친한 친구 사이에서 편안하게 말을 한다고 한 것이 상처가 되는 경우가 훨씬 많고, 웨이트 트레이닝이나 운동을 할 때도 잘못된 자세에 익숙해져 운동을 하다 오히려 몸을 망치거나 사고가 나는

---

46) 마사다 와타루, 이재식 · 박인용 옮김, 『위험과 안전의 심리학』, ㈜한언, 2015.
47) 마사다 와타루, 앞의 책.

경우도 있다.

익숙해진 위험에서 벗어나야 한다

2017년 5월 중순 경북 어느 지역에서 돈사 정화조 청소를 하던 외국인 근로자 2명이 질식으로 사망하는 사고가 발생했다. 사고조사를 위해 전문가가 현장에 파견되었고 사고 원인을 밝히기 위해 가스 농도 측정 등을 실시하고 사업주 면담도 했는데 '질식사고 위험이 높은 곳인데 어떻게 산소농도 측정도 없이 그냥 작업을 했습니까? 과거에도 이렇게 작업을 했습니까?'라고 질문을 하니 뜻밖의 대답이 돌아왔다. '지금까지 이렇게 일을 했어도 아무런 문제가 없었습니다.'

2020년 8월 인천 남동공단에서도 정화조 청소를 위해 피트 내부 밀폐공간에 들어가다 질식사고로 1명이 사망하고 1명이 중태에 빠지는 사고가 발생했다. 목격자 진술에 의하면 정화조 뚜껑을 열었을 때 숨을 쉬기 어려울 정도로 냄새가 많이 났는데도 도저히 못 들어가겠다고 말을 하면서 안으로 들어가다 1명이 쓰러졌고 밖에 있던 다른 1명도 구조를 위해 들어가다 산소 결핍으로 같이 쓰러졌다는 것이다. 위 두 사례의 노동자들은 지금까지 익숙해진 상태로 습관처럼 일을 했으나 기후, 온도, 습도, 풍향 등 여러 가지가 사고가 일어나지 않을 정도의 조건이

충족되어 일어나지 않았을 뿐이지 언젠가는 일어날 수 있는 사고였던 것이다.

이 세상에 살아 있는 모든 사람들은 수많은 법규 위반, 잘못된 행동 등 익숙해진 방법으로 일을 하였더라도 사고로 연결되지 않았을 수 있다. 그러나 익숙해진 잘못된 행동, 불안전한 작업방법이 많아질수록 사고발생 가능성은 높아지고 언젠가는 사고로 연결될 수 있다. 지금까지 수많은 잘못된 행동이 있었어도 사고가 일어나지 않았다는 '프레임'을 계속 가져가는 한 우리의 일터에서 사고는 계속될 수밖에 없다.

따라서 '잘못된 것에 익숙해진 나'를 그 익숙함으로부터 벗어나게 해야 한다. 많은 사람들이 일상생활 중 운전을 하거나 출장을 갈 때 규정 속도를 위반하여 과속을 하는 경우가 있다. 초행길이나 초보운전 시절에 과속을 했는지 생각해 보면 초보운전 시절엔 운전에 익숙하지 않아 과속을 하지 않고, 초행길에서도 대부분의 사람들이 그 길에 익숙하지 않기 때문에 과속을 하기가 쉽지 않다. 과속은 본인이 자주 다니는 익숙한 길이거나 시간이 부족한 상황에 쫓길 때 하게 된다. 익숙한 길에서 과속을 하는 이유는 도로상의 교통신호 체계, 과속을 예방하기 위하여 설치된 단속카메라의 위치, 어느 장소에서는 몇 차선이 교통소통이 원활한지 등등 정보를 잘 알고 있기 때문이다. 이렇게 익숙한 상태에서 과속을 하게 되고 본인도 의식하지 않은 상태에서 위험에 노출되게 된다.

우리가 일하는 일터도 마찬가지이다. 학교를 졸업하고 처음 건설현장이나 제조업현장에서 일을 하게 되면 많은 사람들은 처음 접하는 그 상황이 위험하게 느껴지고 조심해야겠다는 생각을 하게 된다. 그러나 시간이 어느 정도 지나게 되면 위험하다는 생각은 어느새 잊어버리고 그 상황에 익숙해져 자연스럽게 일을 하게 되고 나중에는 위험하다는 생각조차도 없어지게 되는 것이다.

무엇보다 중요한 것은 우리에게 익숙해져 있는 위험을 수시로 체크하고 올바른 행동으로 이어져 그 위험으로부터 벗어나는 것이다. 익숙하다는 것은 편안한 것일 수도 있으나, '안전하다'는 것은 아니다 라는 것을 꼭 명심해야 한다.

2 안전은 분위기이다

크고 작은 사고가 발생하면 우리 사회에서는 안전 불감증이 원인이라는 이야기를 많이 한다. 국어사전에 안전 불감증은 '안전사고에 대한 인식이 둔하거나 안전에 익숙해져서 사고의 위험에 대해 별다른 느낌을 갖지 못하는 일'로 정의하고 있다. 안전 불감증이 문제인 이유는 사고의 직접원인인 불안전한 행동을 유발하기 때문일 것이다. 하인리히Heinrich 등의 연구 결과에 따르면, 산업재해 발생 원인의 88%가 불안전한 행동에 의한 것으로 나타났다.[48)

우리는 살아가면서 수많은 불안전한 행동을 하는데 차가 자주 다니지 않는 이면도로에서 종종 하는 무단횡단이 그런 것이다. 무단횡단을 할 때마다 사고로 연결된다면 사람들은 무단횡

---

48) 문광수 외, 『안전문화 향상을 위한 행동기반 안전관리 매뉴얼』, 사단법인 한국안전심리개발원, 2016.

단을 할까? 아마도 없을 것이다. 이처럼 수많은 불안전한 행동을 하더라도 사고로 바로 연결되지 않기 때문에 불안전한 행동을 하게 된다.

바닷가로 여행을 갔을 때 차에서 내리면서 처음 하는 말이 '아! 바다 냄새~' 또는 '공기가 달라' 등이다. 공기가 다르기도 하지만 분위기상 자기도 모르게 저절로 이런 말이 나오는 것이다. 젊은이들로 가득한 거리에는 왠지 활기가 있는 것처럼 느껴지고 나이트클럽에 가면 춤을 추어야 할지 말아야 할지 잠시 망설이기도 하지만 대부분의 사람들은 그곳의 당시 분위기에 맞춰 행동을 한다.

여러 건설현장을 잘 관찰해 보면 메이저급 건설회사가 시공하는 현장과 중소규모 건설회사의 현장에 어떤 차이점이 있다. 같은 사람이 두 곳의 현장을 출입할 때 한 현장은 안전모, 안전화 등 보호구를 잘 착용하고 일하는 반면 다른 한 현장은 보호구를 잘 착용하지 않고 일하는 모습을 볼 수 있다. 일하는 사람이 같은데도 현장에 따라 행동하는 것에 많은 차이를 나타낸다. 똑같은 사람이 왜 그렇게 다르게 행동을 할까? 이유는 여러 가지가 있을 수도 있지만 현장의 분위기에 따라 사람의 행동이 달라지는 것이다.

안전 분위기를 결정하는 6가지 차원

직장 내 조직 분위기는 조직 구성원들의 행동과 문화에 많은 영향을 미치는데 조직 분위기(organizational climate)는 타 조직과 구별할 수 있도록 해주는 의사결정, 관행 등에 조직 구성원들이 공유하고 있는 인식, 즉 조직의 고유한 특성을 말한다. 안전 분위기(safety climate)는 조직 구성원들이 함께 공유하고 있는 안전에 대한 가치와 중요성에 대한 인식을 말하는데, 굴드마운드Guldemound(2000)는 '안전과 관련된 일에 대한 직원들의 믿음을 설명하는 종합적인 개념'으로 정의하고 있다.[49]

일반적으로 관리자들이 조직이 요구하는 안전행동과 안전 우선순위를 구성원들에게 전달하고 이러한 과정을 통해 공유된 인식이 안전 분위기를 형성하는데 조직의 경영방침, 조직원들의 행동과 안전 관련 의사소통, 교육이 안전 분위기에 영향을 미치는 중요한 요인이며,[50] 효율(efficiency, 생산의 속도 또는 경비 절감 중시)과 안전의 대립적 목표 중에서 리더나 경영층이 어떤 것을 강조하느냐에 따라 안전 분위기가 달라진다고 하였다(Zohar, 2000).[51]

또한 조하르Zohar는 안전 분위기를 결정하는 차원은 6가지이며 이 차원들은 다음과 같이 사고가 많은 회사와 적은 회사를 구별해 준다고 했다.[52]

---

49) 주형기, 「안전관리지침과 심리적 자본이 안전분위기, 행동 및 성과에 미치는 영향 연구」, 인하대학교 대학원 박사학위논문, 2019. 재인용.

50) 이용현, 「철도근로자의 안전행동에 영향을 미치는 고용불안, 조직몰입 및 안전분위기 간의 관계에 관한 연구」, 경희대학교 공공대학원 석사학위논문, 2017.

51) 이원영, 「고용불안, 조직몰입 및 안전분위기가 안전행동 및 사고에 미치는 영향」, 고려대학교 대학원 박사학위논문, 2004. 재인용.

① 성공적 안전 프로그램을 가진 회사에서는 경영층이 안전에 매우 몰입한다. 사고가 적은 회사에서는 지속적으로 최고경영층이 안전활동에 관여하는 반면 사고가 많은 회사의 경영층은 이런 몰입을 보여주지 않는다. 사고가 적은 회사에서는 직원회의 시 또는 생산 계획을 세울 때 안전문제의 우선순위가 높다. 경영층이 안전에 몰입하는 또 다른 증거는 안전책임자의 회사 내에서의 지위인데 사고가 적게 일어나는 회사에서 안전책임자의 조직 내 지위는 높다(Davis & Stahl, 1964; Planek, Driessen & Vilardo 1967).

② 안전훈련에 대한 강조의 정도가 다르다. 사고가 적은 회사에서는 신입사원 교육뿐만 아니라 근로자와 상사도 주기적으로 재교육 시키고 있다(Davis & Stahl, 1964).

③ 근로자와 경영자가 공식적인 의사소통 수단을 가지고 있고 빈번히 접촉하며 정보의 자유로운 교환과 수시로 안전을 점검하는 데서도 나타난다(Davis & Stahl, 1964).

④ 사고가 적은 회사는 환경통제와 공장의 정리 정돈이 잘 되어 있고, 안전장비를 많이 사용한다(Smith, Cohen &cleveland, 1975).

⑤ 사고가 적은 회사의 노동자들은 이직률이 낮고 연령이 많

---

52) 이원영, 앞의 논문. 재인용.

으며, 노사관계나 인간관계가 좋다(Smith, et al., 1975).

⑥ 안전이 우수한 회사는 독자적인 안전기법을 사용하는데, 주로 벌칙과 훈계보다는 지도(guidance)나 카운슬링을 사용한다. 안전행동을 하면 칭찬이나 인정을 해주며 근로자의 가족도 안전에 참여한다(Smith, et al., 1975; Davis & Stahl, 1964).

안전 분위기는 안전행동과 성과에 영향

우리나라 철도 관련 종사자를 대상으로 안전 분위기가 안전행동에 영향을 미치는 요인에 대한 연구를 보면 조직 내에서 다루는 작업장의 안전문제의 중요성, 안전에 대한 동료들과의 대화, 안전수칙 분위기 등 6개 항목[53]에 대한 설문조사 결과 조직 내 안전 분위기가 안전행동에 영향을 미치며 정기적인 안전교육의 참석이나 안전을 향상시키기 위한 의사결정, 회의 참석을 높이는 것으로 나타났다.[54]

그리고 조직 내 안전 분위기와 관리자의 안전 리더십은 근로

---

53) 안전분위기 6개 설문항목: 1. 우리 상사는 부하들과 안전문제에 대해 자주 대화를 한다. 2. 회의 시간에 안전에 대한 문제를 충분히 다룬다. 3. 우리는 작업장 내의 안전문제를 터놓고 이야기할 수 있다. 4. 우리는 작업장 안전문제를 중요하게 다룬다. 5. 우리는 작업장에서 사고위험이 보이는 것들이 남의 눈에 띄면 미루지 않고 서로 치우려 한다. 6. 우리는 안전수칙을 반드시 지켜야 한다는 분위기이다.

54) 이용현, 「철도근로자의 안전행동에 영향을 미치는 고용불안, 조직몰입 및 안전분위기 간의 관계에 관한 연구」, 경희대학교 공공대학원 석사학위논문, 2017.

자의 안전행동에 정적인 영향을 미치며,[55] 전국의 제조업 종사자를 대상으로 한 연구결과도 안전 분위기는 안전행동에 유의한 영향을 미치며 안전행동은 안전성과에 유의한 영향을 미치는 것으로 나타났다.[56]

산업재해를 감소시키기 위하여 기업의 안전관리체계가 아무리 잘 되어 있다 하더라도 그 취지대로 잘 작동하지 않으면 재해감소 목표를 달성하기가 어렵다. 안전관리체계의 실질적인 작동은 조직 구성원들의 행동으로 이루어질 때 성과를 창출할 수 있다. 과거에는 개인의 행동을 통제하여 안전관리를 증진하는 행동주의적 안전관리방식이 많이 활용되었지만 최근에는 안전 분위기의 중요성이 부각되고 있으며, 기업의 안전담당자들도 안전 분위기의 중요성을 인식하고 분위기 형성을 위해 노력하고 있다.

안전 분위기는 단기간에 형성되는 것은 아니지만 일단 분위기가 만들어지면 그 영향은 장기적이고 포괄적이다. 따라서 산업재해 감소를 위하여 경영층부터 안전 분위기의 중요성을 인식하고 산업안전의 중요한 목표가 될 수 있도록 노력하여야 할 것이다.

---

55) 문광수·이재희·오세진, 「관리자의 안전리더십과 조직 내 안전분위기가 근로자의 안전행동에 미치는 효과」, 『한국안전학회지』, 제28권 제2호, 2013.
56) 주형기, 앞의 논문.

3 모양(형식)보다 실천이다

　　매년 7월 산업안전보건강조주간에 빠짐없이 열리는 행사 중의 하나가 안전보건우수사례 발표대회다. 발표대회를 참관해 보면 IoT 기반의 스마트 안전관리를 비롯하여 노동자의 작업중지권 제도, 위험성평가, 이동식 VR, 이지스 안전감시단, 건강증진 프로그램 운영, 노사합동 안전보건의식 함양 프로그램, 위험경보시스템 운영, 각종 안전보건교육 등 다양한 우수사례가 쏟아진다. 이러한 안전활동을 제대로 한다면 정말 사고가 일어나지 않겠다는 생각이 든다. 그런데 우리 산업현장에는 여전히 사망사고도 많이 일어나고, 어떻게 해야 할 것인가에 대한 고민도 많다. 안전과 관련한 제도나 활동 등이 많으면 많을수록 좋은 것인가?

　중국 사기史記에 많으면 많을수록 더 좋다는 뜻의 다다익선多
多益善이라는 말이 있다. 이 말은 한나라 고조高祖 유방劉邦과 한
신韓信의 대화[57])에 나오는 말로 많을수록 좋다는 뜻으로 두루
쓰이고 있다. 안전활동도 성과를 낼 수 있다면 많으면 많을수록
좋다. 사업장에서는 안전을 확보하기 위하여 각종 규정이나 기
준, 매뉴얼, 안전기법 등 다양한 제도와 안전활동을 하고 있다.
이런 제도와 활동은 왜 필요한가? 제도나 활동 자체가 목표는
아니다. 안전과 관련한 제도나 활동의 본질은 사고를 예방하기
위한 것이다.

안전활동은 보여주기 위한 것이 아니다

　사망사고가 난 어느 대기업을 방문하여 대표자와 면담을 할
때 사업장의 안전에 대한 브리핑을 받은 적이 있는데 '저렇게
많은 제도와 안전활동을 하고 있다면 사망사고가 나지 않았을
텐데 어떻게 사고가 났지?' 하는 의구심이 든 적이 있다. 대표자

---

57) 고조와 한신이 장군들의 능력에 대해 이야기를 나누는 장면에 나오는 말로 "과인
　과 같은 사람은 얼마나 많은 군대의 장수가 될 수 있는가?" "아뢰옵기 황송하오나
　폐하께서는 한 10만쯤 거느릴 수 있는 장수에 불과합니다." "그렇다면 그대는 어
　떠한가?" "예, 신은 많으면 많을수록 더욱 좋습니다(多多益善)." "많으면 많을수록
　좋다고? 그렇다면 그대는 어찌하여 10만의 장수에 불과한 과인의 포로가 되었는
　가?" 한신은 이렇게 대답하였다. "하오나 폐하, 그것은 별개의 문제이옵니다. 폐하
　께서는 병사의 장수가 아니오라 장수의 장수이옵니다. 이것이 폐하의 포로가 된
　이유이옵니다. 또 폐하께서는 이른바 하늘이 준 것이옵고 사람의 일은 아니옵니
　다.": 두산백과에서 참조.

와 면담이 끝나고 실무자와 중간관리자, 안전부서 직원과의 대화에서 그 이유를 조금이나마 알 수 있었다. 이 사업장은 안전부서장의 인사이동이 다른 기업에 비해 자주 있었고, 부서장의 이동이 있을 때마다 새로 부임한 부서장은 전임자와 무엇인가 달라야 승진에 유리하다는 생각을 하게 되었다. 그 결과 비슷비슷하거나 명칭이 변경되는 안전제도나 활동이 생기게 되었고 이것을 다 실천하자면 시간이 부족할 정도가 되어 현장에서는 실제 작동이 잘 되지 않는 것이었다.

가끔 언론을 통해 중국에서 작은 배를 타고 우리 해안으로 불법 입국했다거나 월남했다가 다시 월북하는 것을 인지하지 못하고 경계근무에 실패했다는 뉴스를 접하곤 한다. 초병哨兵의 임무가 무엇인가를 생각한다면 문제는 아주 간단하다. 초병은 우리 영토에 적이 침범하거나 외국인이 불법으로 입국하지 못하도록 감시하고 경계하는 임무를 수행하는 것이다. 그런데 경계근무의 본질을 잊어버리고 당장 혼이 날 것이 두려워 경계근무를 잘 서고 있는지 순찰하는 순찰자에게 지적을 받지 않겠다는 생각으로 전방이 아닌 후방을 경계한다면 필연적으로 문제가 발생하는 것이다.

안전도 마찬가지이다. 안전과 관련한 각종 제도나 활동도 보여주기 위한 활동이거나 자랑하기 위해 존재하는 것이 아니다. 사고를 예방하기 위한 것이기 때문에 현장에서 잘 실천되고 성과가 나는지를 점검하고, 현장작동성이 부족하거나 제도로만 존재하는 것들은 정리하는 것이 필요하다. 가정에서 옷장이나 창고를 정리하다 보면 이렇게 많은 옷이나 물건이 있었나할 정도이고, 한 번도 입지 않은 옷이나 사용하지 않은 물건들도 혹시 다음에 또 입거나 사용할지도 모른다는 생각에 그냥 두게 되는 경우가 많다. 그런데 다음에 정리할 때 보면 한 번도 입지 않은 옷과 사용하지 않은 물건은 여전히 장소만 차지하고 있는 경험이 있을 것이다.

안전과 관련한 각종 제도나 활동들도 사고예방에 도움이 되고 성과를 내고 있다면 다다익선일 것이다. 그렇지 않다면 냉정하게 점검하고 평가해 볼 필요가 있다. 언젠가 도움이 되겠지 하는 것은 제도를 도입한 사람의 바람일 뿐 앞으로도 성과를 내지 못하고, 하지 않아도 될 일을 괜히 한다는 현장 노동자의 불만 사항으로 존재할 확률이 높다.

실천하지 않는 안전활동은 무용지물

안전과 관련한 제도나 활동을 정리하고 평가할 때는 첫째, 지금 운영하고 있는 안전 관련 제도나 활동 사항을 모두 꺼내어 산업안전보건법이나 다른 법령에서 요구하는 안전과 관련된 사항이 필수 사항인지, 자체적으로 성과를 내기 위하여 운영하는 것인지 체크할 필요가 있다.

둘째, 평가를 통해 제도나 활동이 꼭 유지해야 할 필요가 있는지 판단하고, 유지해야 한다면 그것을 수행해야 할 주체가 누가 되어야 하는지 경영층, 중간관리자, 노동자로 구분하여 향후 평가를 할 때도 가중치를 달리할 필요가 있다.

셋째, 비슷비슷한 안전활동이 여러 개가 있으면 하나로 통합하거나 활용 빈도와 성과를 파악하여 정리할 필요가 있다.

넷째, 일단 제도와 활동이 정리가 되면 지속적으로 성과를 낼수 있도록 지원하고 점검 및 피드백을 통해 유지시키는 것이 중요하며, 성과가 나지 않고 활동으로만 존재한다면 과감히 없애는 것도 하나의 방법이 될 수 있다.

우리 속담에 '빛 좋은 개살구'라는 말이 있다. 겉모양은 그럴 듯하지만 실속이 없는 것을 두고 하는 말이다. 기업에서도 안전과 관련한 제도나 활동이 성과를 내지 못하고 실속이 없다면 존폐 여부를 검토하는 것이 바람직하다. 단순히 어떤 제도와 활동이 존재하는 것만으로 가치가 있는 것도 있을 수 있으나 안전은 실천을 통하여 사고를 예방하는 것이다.

우리는 어릴 때부터 무단횡단을 해서는 안 된다, 사업장에서 기계를 정비·보수할 때에는 전원을 차단하고 하여야 한다, 질식 공간에 들어갈 때에는 산소농도를 측정하고 송기마스크를 착용하고 들어가야 한다는 등 여러 가지 지켜야 할 사항들을 들어왔다. 이런 지켜야 할 사항들은 법령이나 책, 안전보건 강의 시간 등을 통해 이미 알고 있고 기업에서도 각종 지침이나 안전 보건활동 등으로 규범화되어 있다. 그러나 기업에서 안전보건에 관한 제도나 활동을 아무리 많이 가지고 있더라도 실천하지 않고 성과를 내지 못한다면 무용지물이고 빛 좋은 개살구에 불과하다.

우리 회사가 가지고 있는 안전보건에 대한 제도 및 활동과 실천과의 간격을 좁혀야 한다. 제도와 실천의 간격을 좁히지 않고 단순히 존재한다는 것은 장식에 불과하고 언젠가 버려야 할 대상에 불과하다. 정리, 정돈만 잘해도 좁은 집이 넓고 훤하게 보이기도 하고 깔끔하게 보이기도 한다. 우리 회사가 가지고 있는 제도나 활동 등 모양에 집착할 것이 아니라 실천을 궁극의 목표로 삼아야 한다.

4 안전 관련 사항을 반복해서 노출시켜라

　우리나라 말에 '자꾸 보면 정든다.'라는 말이 있다. 이 말은 처음에는 무관심하거나 싫어했어도 자주 접하게 되면 거부감도 줄어들고 호감도가 높아지는 것을 의미하는데 이와 같은 효과를 심리학에서는 '에펠탑 효과(Eiffel Tower effect)'라 한다.

　에펠탑은 1889년 프랑스 대혁명 100주년과 파리만국박람회를 기념하기 위하여 프랑스의 건축가 알렉상드르 귀스타브 에펠Alexandre Gustave Eiffel이 만든 거대한 철탑이다. 건립계획이 발표되었을 당시 파리의 많은 예술가와 시민들의 반대에 부딪혔고 흉물이라는 말까지 들었는데, 에펠탑이 무너지면 사람 다 죽는다는 일반인의 공포와 고풍스러운 고딕 건물로 이루어진 도시에 뼈대만 앙상한 철골구조물은 천박하다고 여겼기 때문이다.

에펠탑은 당초 20년 후 철거될 예정이었는데 에펠의 설득과 송신탑으로 사용하자는 군부 고위층의 결정으로 철거되지 않고 살아남았다. 현재는 수많은 관광객이 방문하는 프랑스의 유명한 랜드마크로 자리 잡았고 에펠탑을 흉물이라고 말하는 사람은 아무도 없다.

이처럼 처음에는 싫어하거나 무관심했지만 대상에 대한 반복 노출이 거듭될수록 호감도가 증가하는 현상을 에펠탑 효과 또는 단순노출 효과(Mere exposure effect)라고도 부른다. 미국의 사회심리학자 로버트 자이언스Robert Zajonc는 이런 에펠탑 효과를 실험을 통해 증명했는데, 대학생들에게 12장의 얼굴 사진들을 무작위로 반복해서 보여준 뒤 얼마나 호감을 느끼는지를 측정한 결과 사진을 보여주는 횟수가 증가함에 따라 호감도도 같이 높아지는 것으로 나타났다.[58]

단순노출 효과는 사람에게만 적용되는 것은 아니다. 기업들도 자사의 브랜드나 상품을 TV나 거리의 옥외광고탑을 통해 소비자들에게 자주 노출시킴으로써 보다 친숙하게 느껴지도록 하는 것이다. 인터넷상의 블로그나 카페에 자주 글을 쓰고 댓글을 다는 이유 중 하나도 단순히 자주 노출시킴으로써 인지도와 호감도가 올라갈 것이라고 믿기 때문이다.

---

58) 이동귀, 『너 이런 심리법칙 알아?』, 21세기북스, 2016.

'안전' 관련 뉴스 노출 빈도 증가

사고나 안전은 TV, 신문, 라디오 등 언론에 얼마나 자주 노출되고 있을까? 매일 접하는 뉴스에서 사고나 안전과 관련된 것들이 보도되지 않고 지나가는 날은 하루도 없을 것이다.

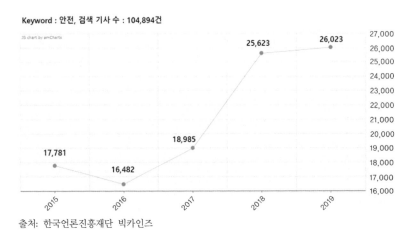

Keyword : 안전, 검색 기사 수 : 104,894건

출처: 한국언론진흥재단 빅카인즈

〈안전 및 산업재해를 키워드로 검색한 노출 빈도〉

한국언론진흥재단의 빅카인즈(www.bigkinds.or.kr)59) 분석 툴을 활용하여 최근 5년간(2015~2019)의 사고 중 산업사고로 분류되는 기사를 안전 및 산업재해를 키워드로 검색한 노출 빈도를 살펴보면, 안전은 총 노출 건수가 104,894건이며 2016년

---

59) 한국언론진흥재단에서 종합일간지, 경제지, 지역일간지, 방송사 등 54개 언론사의 기사 DB에 빅데이터 분석 기술을 접목해 만든 뉴스분석 서비스임.

16,482건에서 2019년 26,023건으로 매년 노출 빈도가 높아지고 있다. 세월호 사고 이후 안전과 관련된 보도가 굉장히 증가했고 과거에 보도되지 않은 사고들도 지금은 많이 보도되는 것을 체감적으로도 느낄 수 있다.

안전과 관련된 관계도 분석에서는 1위가 일본, 2위가 후쿠시마 순으로 나타났는데 이것은 후쿠시마 원전사고로 인한 것으로 여겨진다. 우리나라에서는 김용균, 한국수력원자력 등이 높

출처: 한국언론진흥재단 빅카인즈

〈안전과 관련된 관계도 분석〉

은 순위를 차지했는데 이는 모 화력발전소에서 일어난 사고사
망이 우리 사회에 얼마나 큰 이슈가 되었고 안전에 대한 경각심
을 일깨워 주었는지 알 수 있다.

산업재해는 총 노출 건수가 1,467건이며, 2015년 212건에서
2019년 358건으로 노출 빈도가 우상향의 추세를 보이고 있다.

Keyword : 산업재해, 검색기사 수 : 1,467건

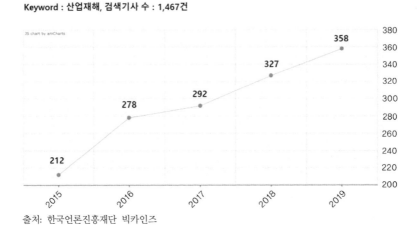

출처: 한국언론진흥재단 빅카인즈

〈산업재해를 키워드로 한 총 노출 건수〉

산업재해와 관련된 관계도 분석에서는 고용노동부가 1위, 2
위는 근로자로 나타났는데 이는 산업재해예방 및 보상의 주무
부처가 고용노동부이며, 근로자가 높게 나타난 이유는 산업재해
의 직접적인 대상이기 때문인 것으로 판단된다.

출처: 한국언론진흥재단 빅카인즈

〈산업재해와 관련된 관계도 분석〉

이와 같이 언론 노출 빈도가 높아지고 있다는 것은 안전과 산업재해가 우리 사회의 주요 관심대상이 되었다는 것을 뜻한다. 앞으로 잦은 노출 빈도로 인해 경각심을 일깨우는 계기가 되어 중·장기적으로 안전의식을 높이고 사고가 줄어드는 데 긍정적인 효과가 있을 것으로 추정된다.

또한 감사연구원에서 조사한 '국민생활안전' 분야[60]의 1990년부터 2016년까지의 언론보도 누적 빈도를 보면 총기안전과 폭발물 및 위험물 안전은 2002년 이후 꾸준히 증가하다가 2013

---

60) 국민생활안전 분야를 총기 안전, 폭발물 및 위험물 안전, 범죄예방 및 관리, 도로교통 안전, 지하철 안전, 항만 안전, 공항 안전 분야로 구분하여 분석함.

년 이후 급격히 증가하는 양태를 보이고 있다. 그 이유로 근래 들어 급증하고 있는 '묻지 마 살인', '학교폭력', '여성혐오' 등의 사회적 주제가 이끌어 가고 있는 것으로 분석[61]하고 있는데, 이는 안전이 우리 사회에서 이슈의 대상이 되고 있음을 짐작할 수 있게 한다.

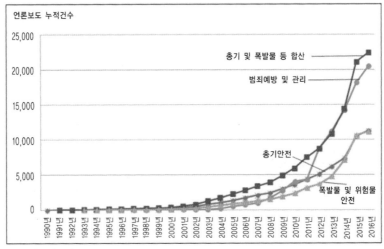

출처: 감사연구원

〈국민생활안전 분야 언론보도 누적빈도〉

---

61) 오창석, 『빅데이터를 활용한 국민안전 관련 감사문제 탐색 및 분석』, 감사연구원, 2016.

기업은 안전을 어떻게 노출시킬 것인가?

안전과 관련된 사항들이 언론에 노출됨으로 인한 효과에 대한 연구 자료들을 찾기는 쉽지 않으나 광고의 노출과 그 효과 등에 대한 연구 자료들을 보면 소비자는 일관성을 갖춘 광고 시리즈나 반복하여 접한 경우에 브랜드 개성 및 구매의사에 더 호의적이다.[62] 단순히 방송광고 1회의 노출 기회를 가진 시청자의 90% 이상은 자신이 본 광고를 기억조차 하지 못하고 있으나 2회 이상 반복 노출 기회를 가질 때 약 15% 수준의 광고 인지율을 보여 반복 노출의 중요성을 알 수 있다.[63]

이런 연구 결과들을 안전에 접목하여 안전 관련 사항들도 일관성 있고 반복적으로 노출시킬 필요가 있음을 알 수 있다. 그러나 정부의 정책도 일관성 있게 집행했는지 의구심을 가질 수밖에 없고 공익광고의 경우에도 2010년 이후 단 3건[64]에 불과하여 아쉬움을 많이 남게 한다.

그럼 기업은 안전 관련 사항을 일관성 있게 집행하고 있는지를 어떻게 점검하고, 이를 반복적으로 노출시킬 수 있을까?

기업은 매주 혹은 매월 1~2회 정도 간부회의 등을 개최한다.

---

62) 유창조, 박찬, 「광고시리즈의 일관성이 광고 효과에 미치는 영향에 관한 연구」, 『방송과 커뮤니케이션』, 2006년 7-1호.

63) 김효규, 「광고의 반복노출과 광고효과에 관한 연구: 노출기회 및 노출인자의 반복 횟수를 중심으로」, 『한국광고홍보학보』, 제14권 1호, 2012.

64) 안전불감증 개선(2019년), 화재/안전(2018년), 방심과 안전 - 우리 안에는 두 마음이 있습니다.(2014년).

대부분 부서의 장들이 업무실적과 계획에 대해 보고하는 방식으로 회의를 진행하는데 이런 방식으로는 안전 관련 부서장 외에는 안전에 대해 관심을 가지지 않게 된다. 몇몇 대기업에서는 회의 방식을 개선하여 모든 부서장들이 부서와 연관된 안전 관련 사항을 가장 먼저 보고한 후 생산부서는 생산, 영업부서는 영업 관련 사항 등을 보고하게 함으로써 모든 부서장들이 안전에 관심을 가질 수밖에 없게 하고 실제 효과도 거두고 있다. 경험적으로 보더라도 회의시간에 보고를 하기 위해서는 보고 내용을 잘 파악하고 있어야 하고 궁금 사항에 대한 질문에 답을 하기 위해서도 공부를 할 수밖에 없다. 이처럼 상사가 관심을 가지게 되면 부하직원들도 그 업무에 자연히 비중을 두게 마련이다.

경북지역에 소재한 노동자가 1,000명 정도인 어느 회사 대표이사가 "미국에 소재하고 있는 법인은 안전도 잘 확보되고 있는데 우리나라에 있는 사업장은 사고도 많이 나고 도대체 어떻게 해야 할지 모르겠다."고 하여 앞의 내용처럼 회의방식을 바꿀 것을 제안한 적이 있다. 안전은 혼자 할 수 있는 일이 아니고 모두가 관심을 가지고 함께 할 때 기대하는 바를 성취할 수 있다. 모두가 관심을 가지는 방법으로 '어떻게 자주 노출시킬 것인가?'를 고민한다면 자연스럽게 해결방안이 나올 것이다.

행동의 개선을 원하면 환경을 바꿔라

요즘 아파트 사이에 조성된 숲길을 걷다 보면 새소리가 제법 많이 들린다. 2017년 기준 산림청 통계에 따르면 우리나라는 전체 인구의 약 91%가 도시지역에 거주하고 있는데, 도시지역 내 국민들이 쉽게 이용할 수 있는 1인당 생활권 도시림 면적은 10.07㎡로 세계보건기구(WHO)에서 권장하는 1인당 최소 9㎡ 이상을 초과하고 있다. 파리(13㎡/인), 뉴욕(23㎡/인), 런던(27㎡/인) 등 세계 주요 도시 수준의 생활권 도시림 면적에는 아직 미흡한 실정이나 2011년 1인당 7.76㎡에서 2017년 10.07㎡로 많이 늘어난 것을 확인할 수 있다. 숲 면적이 늘어나니 새들의 먹이도 풍부해지고 환경이 바뀌니 자연히 새들도 돌아오는 것이다.

직장에서 상사들은 동료와 불화가 잦은 직원을 불러서 '좀 참지, 성격 좀 고쳐라.'라는 표현을 하곤 한다. 그 부하직원은 면전에서는 말을 못 해도 돌아서서 '내 성격이 어때서 자기나 고칠 일이지.' 하고 불평을 할지도 모른다. 사람의 성격은 어린 시절의 경험과 습관에서 형성되기 때문에 성격을 바꾸는 것이 쉬운 일은 아니다. 문제의 핵심은 '왜 불화가 일어났는가?'인데 뜬금없이 사람의 성격을 바꾸라고 한다.

『스위치』의 저자 칩 히스·댄 히스 형제는 '사람들은 변화에 저항하기 때문에 사람을 탓하기보다 환경이나 상황을 바꿔 사람들이 따라오도록 해야 한다.'고 말했다. 우리 주변에서도 이런 현상들을 찾아볼 수 있는데 쓰레기가 항상 수북이 쌓이는 무단투기 장소는 주로 전봇대나 골목길 으슥한 곳이다. 고양시에서는 이런 골칫거리를 해결하기 위해 생활쓰레기를 상습적으로 투기하는 곳에 깨끗한 골목길 조성을 위한 '텃밭상자'를 설치하였다. 과연 효과가 있었을까? EBS <다큐프라임> '인간의 두 얼굴, 사소한 것의 기적'편에 보면 비슷한 장면이 나온다. 항상 쓰레기가 수북이 쌓이는 전봇대 밑, 동네 사람들은 으레 거기는 쓰레기를 버려도 된다는 생각을 하고 주변 사람들은 경고표지판을 붙여도 소용없다고 말한다. 그런데 그곳에 화단을 설치하고 지켜본 결과 쓰레기를 버리러 온 사람들이 쓰레기봉투를 다시 들고 집으로 돌아가는 장면을 목격할 수 있었다. 이렇게 상황이나 환경이 바뀌면 사람들의 행동은 달라진다.

환경개선으로 변화를 이끌어낸 사례들

1982년 범죄학자 제임스 윌슨James Q. Wilson과 조지 켈링George L. Kelling은 '깨진 유리창의 법칙(Broken Window theory)'을 발표한다. 만약 건물에 유리창이 깨져 있는데 깨진 유리창을 그대로 방치해 두면 얼마 안 가 다른 유리창도 깨지게 되는데 그 이유는 건물의 주인이나 관리인이 별로 애착을 갖지 않는다고 생각을 하고 유리창을 더 깨도 대가를 지불하지 않는다는 메시지를 전달하기 때문이라는 것이다. 사소한 무질서를 방치하면 큰 문제로 이어질 가능성이 높다는 의미를 담고 있다.

1980년대 중반 뉴욕시 길거리는 지저분한 낙서투성이였고 지하철은 위험할 정도로 더러워서 범죄가 끊이지 않았다. 뉴욕시 정부와 경찰이 이를 방치했기 때문에 기업과 중산층은 교외로 빠져나가 뉴욕시는 급속도로 빈민굴처럼 변질되었다. 1995년에 새로 취임한 루디 줄리아니Rudy Giuliani 뉴욕 시장은 강력한 의지를 가지고 뉴욕시 정화 작업에 돌입했다. 먼저 뉴욕시 주요 거점에 CCTV를 설치해 낙서한 사람들을 끝까지 추적했고, 또 지하철 내부 벽을 깨끗하게 청소하고 범죄를 집중 단속하기 시작했다. 시 정부의 강력한 의지를 거듭 확인한 뉴욕 시민들은

자신들의 과거 행태를 바꾸기 시작했다.[65]

이처럼 주위 환경이 전체적으로 더럽다면 사람들은 쉽게 쓰레기를 버리거나 부적절한 행동을 하기가 쉽지만 주위 환경이 깨끗하면 그러지 못한다. 인천서부산업단지의 예전 명칭은 인천주물지방공업단지였는데 명칭에서 알 수 있듯이 대부분의 입주기업들은 주물업에 종사했고 주변 환경도 좋지 않아 안전에 관한 기술지도 등이 있을 때 흔쾌히 지원 나가기를 희망하는 곳은 아니었다. 2017년 제9대 박윤섭 인천서부산업단지공단 이사장이 취임한 후 산업단지는 옛날의 모습과 완전히 바뀌었다. 이사장 취임 후 제일 먼저 산업단지 주변 쓰레기로 가득한 길거리의 청소를 실시하고 공단에서 지원한 금액으로 지붕개량을 실시하는 등 환경정화를 실시했다. 그 결과 점심식사 시간 후 한적하던 거리에 건강을 위해 산책하는 직원들이 늘어났고, 입주 기업들도 공장 정리·정돈·청소를 생활화하는 등 많은 변화가 생긴 것을 목격할 수 있었다. 이러한 현상들은 안전뿐만 아니라 홍보, 기업 이미지 등 여러 비즈니스 분야에도 당연히 적용된다.

안전행동은 물리적 환경과 상호작용

환경과 안전행동 간의 관계에 대한 연구결과[66]를 보면, 물리

---

65) 김민주, 『시장의 흐름이 보이는 경제법칙 101』, 위즈덤 하우스.

적 환경67)과 안전행동 간에 정적인 관계를 보이며 물리적 환경이 좋을수록 안전행동 수준이 높게 나타난다. 물리적 환경은 안전행동에 직접적으로 영향을 미칠 뿐만 아니라 물리적 환경에 의해 유발된 조직 몰입을 통해 작업환경에서 요구되는 안전행동이 나타난다고 하였다.

심리학자 쿠르트 레빈Kurt Lewin은 '행동은 사람과 그들을 둘러싼 환경 간의 상호작용의 함수'라는 공식 B=f(P,E)를 만들었다. 이 공식에 따르면 사람들의 행동을 바꾸는 방법은 크게 두 갈래인데 하나는 인간요인을 바꾸는 것이고, 또 하나는 환경요인을 바꾸는 것이다. 즉 사람들의 행동을 바꾸려면 인간요인인 의식개혁, 정신혁명을 하거나 아니면 환경을 조성하면 된다.

사고가 났을 때 사업주들에게 '왜 사고가 났다고 생각하십니까?'라고 질문을 하면 많은 분들이 '안전의식이 부족해서.'라고 답변을 한다. 위의 공식에서 보듯이 한쪽 면만을 보는 것이다. 환경이 사고가 난 사람의 행동에 어떤 영향을 미쳤는지 반드시 살펴보아야 한다. 구로사와 아키라 감독의 영화 <라쇼몬>에서 유래된 라쇼몬 효과(Rashomon Effect)는 같은 사물이나 사안에서 사람들은 자기가 보고 싶은 것만 보고 기억하려는 경향을 말

---

66) 이범진, 박세영, 「물리적 환경과 안전행동 간의 관계」, 『한국심리학회지』, 2013, Vol. 26, No 4.
67) 물리적 환경의 특성을 주변요소, 기능성, 심미성, 안전성, 편의성의 다섯 가지 요인으로 구분함.

한다. 안전을 바라보는 관점도 내가 원하고 그러기를 바라는 것
만 보는 것이 아니라 '왜 났는가?'에 대한 근본적인 문제를 찾고
해결하려는 노력이 필요하다. 환경이 바뀌면 사람들의 행동이
달라진다는 것을 명심해야 한다.

6 궁극적으로 안전문화를 만들어라

현대사회를 살아가는 모든 사람들은 본인이 인지하든 그렇지 않든 각종 재난과 사고에 항상 노출되어 있다. 그래서 우리나라 헌법에는 국가가 재해를 예방하고 그 위험으로부터 국민을 보호하기 위하여 노력하도록 규정하고 있으며, 산업안전보건법에도 산업안전 및 보건에 관한 의식을 북돋우기 위한 홍보·교육 등 안전문화 확산을 추진하도록 정부의 책무 사항으로 규정하고 있다. 그럼에도 불구하고 사고는 발생하고 대형 사고가 발생할 때마다 언론에서는 우리 사회의 안전문화 미성숙을 지적한다.

문화라는 용어는 조직문화, 대중문화, 지역문화, 소비문화, 기업문화, 안전문화 등 다양하게 사용되고 있는데, 표준국어대사전에는 '자연상태에서 벗어나 일정한 목적 또는 생활 이상을 실현하고자 사회 구성원에 의하여 습득, 공유, 전달되는 행동양식이나 생활양식의 과정 및 그 과정에서 이룩하여 낸 물질적·정신적 소득을 통틀어 이르는 말로 의식주를 비롯하여 언어, 풍습, 종교, 학문, 예술, 제도 따위를 모두 포함'한다고 정의하고 있다. 또한 영국의 인류학자 에드워드 타일러Edward Burnett Tylor는 문화란 '지식·신앙·예술·도덕·법률·관습 등 인간이 사회의 구성원으로서 획득한 능력 또는 습관의 총체'라고 하였다.

법률적으로 보면 우리나라 문화기본법(제3조)에는 문화를 '문화예술, 생활양식 공동체적 삶의 양식, 가치체계, 전통 및 신념 등을 포함하는 사회나 사회구성원의 고유한 정신적·물질적·지적·감성적 특성의 총체'라고 하였으며, 재난 및 안전관리기본법에는 안전문화활동(제3조)을 '안전교육, 안전훈련, 홍보 등을 통하여 안전에 관한 가치와 인식을 높이고 안전을 생활화하도록 하는 등 재난이나 그 밖의 각종 사고로부터 안전한 사회를 만들어가기 위한 활동을 말한다.'라고 정의하고 있다.

일반적으로 문화를 이야기할 때 빠지지 않는 것이 '제도'인데, 제도란 사회의 성원 사이에서 여러 가지 생활 영역을 중심으로 한 규범이나 가치체계에 바탕을 두고 형성되는 복합적인 사회규범의 체계를 의미한다. 문화가 사람이 주도하는 것이라면 제도는 국가를 비롯한 다양한 사회적 기관에서 주도하는 것이라고 할 수 있다. 문화와 제도는 두 가지 관점의 논의가 존재하는데 하나는 제도가 정착이 되어 문화를 주도한다는 주장으로써 사회의 특정 문화가 자리 잡기 위하여 확고한 관련 제도의 정착이 선행되어야 함을 강조하는 것이다. 또 다른 하나는 문화가 결국 제도를 형성한다는 주장으로서 결국 제도의 개발 및 시행은 인간이 담당 및 결정하는 것이므로 인간의식과 같은 문화의 역할이 매우 중요한 것으로 보는 주장이 있다.[68]

안전문화란 무엇인가

안전문화(safety culture)라는 용어는 1986년 체르노빌 사고 이후 IAEA(International Atomic Energy Agency)의 국제원자력 안전자문그룹(INSAG: International Nuclear Safety Advisory Group)이 작성한 검토회의 결과요약 보고서(Summary Report on the Post-Accident Review Meeting on the Chernobyl Accident)에서 최초로 사용되었다. 우리나라에서는 1995년 전후 삼풍백화점 붕괴사고 등 대형 사고가 빈발하여 안전에 대한 국민적 관심이 고조되면서 국무총리실 주관으로 분야별 민간을 비롯한 관련 전문가를 위원으로 하는 안전관리자문위원회를 구성했는데 이 위원회 운영 결과보고서에 안전문화가 언급되었다. 여기서 안전문화란 안전제일의 가치관이 개인 또는 조직 구성원 각자에 충

---

68) 어기구 등 7인, 「안전보건문화 발전방안에 관한 연구」, 한국산업안전보건공단 산업안전보건연구원 연구보고서, 2017년.

만되어 개인 생활이나 조직 활동 속에서 의식과 관행이 안전으로 체질화한 상태로 인간의 존엄과 가치의 구체적 실현을 위한 모든 행동양식이나 사고방식, 태도 등을 총체적으로 의미한다고 하였다. 이 밖에도 안전문화에 대한 정의는 학자들에 따라 다음 <표>와 같이 다양한데 학자들의 의견을 종합해 보면 안전문화란 안전에 대해 조직 구성원 간에 공유된 가정이나 가치, 신념, 태도, 인식, 규범 등을 포함하는 종합적인 개념으로 볼 수 있다.

안전문화 정의의 대부분은 조직문화[69] 정의에 기초하고 있고, 조직문화는 생산, 영업, 안전 등 조직의 다양한 영역에 형성될 수 있는데 안전문화는 조직문화의 하위개념으로 볼 수 있다. 또한 안전문화에 대한 정의를 말하면서 빠질 수 없는 개념이 안전풍토 (safety climate)인데 안전풍토는 개념상 안전문화와 매우 유사[70]하며 사업장 안전과 관련하여 안전문화와 안전풍토를 혼용하여 사용하는 경우도 많아 여기에서는 구분 없이 안전문화로 통일하여 사용하였다.

---

[69] 한 조직 내의 구성원들 대다수가 공통적으로 가지고 있는 신념·가치관·인지·행위규범·행동양식 등을 통틀어 말함(출처: 행정학용어 표준화연구회, 『행정학용어사전』, 새정보미디어.).

[70] 안전문화는 가정, 가치, 신념, 규범 등 개념적인 수준을 다룬다면, 안전풍토는 정책, 실무, 절차 등 구성원들에게 공유된 지각을 의미함. 예를 들면 어느 회사에서 안전에 대해 '솔직히 대화하고 소통하기' 정책을 만들어 A라는 직원이 정책에 따라 상사인 B에게 안전리더십 등에 대한 B의 문제점과 개선을 요구하였는데 그 이후 B가 A를 괴롭히는 상황이 발생하고 전 직원이 위와 같은 사항을 알게 되고 계속 회자된다면 '솔직히 대화하고 소통하기' 정책은 있지만 안전문화는 그러하지 못한 것으로 말할 수 있다.

출처	정의
Pidgeon (1991)	위험에 대한 규범과 규칙, 안전에 대한 태도, 그리고 안전 관행에 대한 성찰(Norms and rules for handling hazards, attitudes toward safety, and reflexivity on safety practice)
Mearns & Flin (1999)	작업장에서의 안전과 관련된 규범적 믿음과 근본적인 가치, 가정, 기대, 철학, 규범, 그리고 규칙(Normative beliefs and fundamental values, assumptions, expectations, philosophies, norms, and rules, with regard to safety at a workplace)
Schein (1992)	조직 행동을 촉진하는 안전 관련 태도, 행동, 가치, 그리고 심층적인 가정의 공유된 세트(A shared set of safety-related attitudes, behaviors, values, and ingrained assumptions that orient organizational action pertaining to safety)
Zohar (1980)	조직 구성원 간에 공유된 안전 관련 태도, 인식, 행동의 세트(Shared set of safety-related attitudes, perceptions, and behaviors among individuals in an organization)
Wiegmann, Zhang, von Thadenm Sharma, & Gibbons (2004)	중요한 안전 문제를 일관된 방식으로 다루는 것에 반영된 조직의 영속적인 특징(An enduring characteristic of an organization that is reflected in its consistent way of dealing with critical safety issues)
Guldenmund (2000)	조직 구성원 간에 공유되는 일련의 안전 관련 태도, 가치 또는 가정(A set of safety related attitudes, values or assumptions that are shared between the members of an organization)
Patankar & Sabin (2010)	안전의 중요성을 조직이 얼마나 가치 있게 여기는지. 조직의 우선순위가 무엇인지. 종업원들이 일을 하는 동안 응급 상황에 어떻게 반응하는지. 그리고 조직을 경영할 때 안전을 최우선 가치로 여기는지(How an organization values the importance of safety. what the priorities of an organization are, how employees respond to emergencies during their work, and whether an organization puts safety at the highest level when doing business)
Reason(1997)	안전 관련 신념, 가치, 태도, 역량 및 행동 패턴에서 비롯되는 것으로, 안전성을 보장하는 조직의 헌신, 스타일 및 숙련도를 결정하는 요인 (The factors that determine an organization's (labor and management) commitment, style, and proficiency in ensuring safety that result from safety-related beliefs, values, attitudes, competencies, and behavioral patterns)

출처: 어기구 등 7인, 기업의 안전문화 수준에 관한 심층분석연구, 한국산업안전보건공단 산업안전연구원 연구보고서(2017년)에서 재인용.

〈안전문화의 정의〉

안전문화는 신념과 가치, 행동으로 굳어져야

우리나라의 산업재해는 제조업이 점차 감소하고 서비스업이 증가하는 산업구조의 변화, 정부 안전정책의 발전, 개별사업장의 산재예방 노력 등으로 매년 증감이 있기는 하지만 전체적으로 감소 추세를 보이고 있다. 그동안 정부의 정책이나 개별기업의 안전대책은 기술적인 문제나 노동자 개개인의 실수 또는 불안전한 행동에 중점을 두고 수행되어 왔으나 궁극적으로는 문화로 정착되도록 하는 것이 중요하다.

일상생활에서 보면 몇 년 전까지만 해도 남성들의 바지는 다소 품이 넓은 바지가 유행했었는데 지금은 주름이 없는 슬림핏의 바지가 유행이다. 여성들의 패션은 주기가 짧기는 하지만 한때 스키니진이 유행을 하였다. 맨 처음 패션에 관심이 많은 한 여성이 스키니진을 입고 거리를 걷고 있었을 때 사람들은 어떻게 생각을 했을까? 차이는 있겠지만 나이가 많고 보수적인 생각을 가진 사람들은 '저것도 옷이라고 입고 다니나?' 등 여러 가지 말이나 표현을 하였을 것이다. 남성들 바지도 헐렁한 바지에서 슬림핏으로 유행이 변할 때 한동안은 헐렁한 바지와 슬림핏의 바지가 공존하다가 시간이 지나서 헐렁한 바지를 입고 있으면 오히려 이상한 모습으로 비춰진다. 마치 사람이 멍청한 모습으로 보이기도 한다.

이처럼 옷이 유행을 하고 문화로 정착될 때까지의 과정을 보면 패션에 관심이 많은 사람이 처음으로 그 옷을 입고 유행이 되면 대다수의 사람들이 그 옷을 따라 입게 된다. 시간이 흐름에 따라 그 옷이 오랫동안 유행을 하여 사람들 사이에 가치나 태도 등으로 공유가 되고 행동으로 나타난다면 문화로 발전하는 것이다.

지금은 거의 안전모를 쓰고 있지만 한때 안전관리자들은 작업현장에서 '노동자들에게 안전모를 쓰게 하는 데 10년이 걸렸다.'라는 말을 하곤 했다. 맨 처음 안전모를 착용한 노동자가 이상하게 보였을 것이고 사람들은 '겁이 많다. 나는 지금까지 안전모를 쓰지 않고 일을 했어도 아무 사고도 없었다.'고 놀렸을지도 모른다. 그러나 대다수의 사람들이 안전모를 착용하고 일을 한다면 안전모를 착용하지 않은 사람이 오히려 이상한 사람으로 보일 것이다. 조금 더 발전하면 안전모 등 보호구를 착용하지 않으면 사업장 출입이 불가능하다는 것을 모두가 인지하게 되고 이것이 신념과 가치, 행동으로 굳어진다면 보호구를 착용하고 일을 한다는 것이 그 사업장의 안전문화로 발전하게 되는 것이다.

기술적인 대책만으로 안전 확보 어렵다

그런데 조직 구성원들은 어떤 것을 혁신하거나 기존에 익숙한 것들에 대해 변화를 추구하면 저항하는 속성이 있고, 구성원들의 행동도 실제로 변화를 추구하는 사람들(리더)이 기대하는 성과보다도 늦게 나타나는 경향들이 많다.

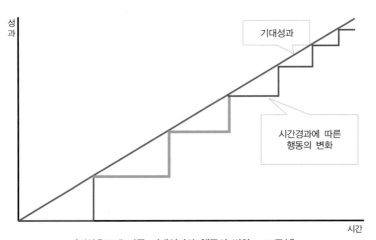

〈변화추구에 따른 기대성과와 행동의 변화 : W곡선〉

그림에서 보듯이 리더Leader가 변화를 추구할 때 리더는 실제로 변화를 추구하는 만큼 변화되기를 기대한다. 그러나 팔로워 Follower들은 자기가 그것을 반드시 하지 않으면 안 되는 시점까지 변화하지 않고 저항하게 되며 어쩔 수 없이 할 수밖에 없는 시점이 되어야만 행동의 변화를 가져온다. 물론 어느 특정 시점에 한꺼번에 변하는 것이 아니라 점진적인 과정을 거쳐 어느 시점이 되면 기대하는 수준에 도달하게 되는 W곡선처럼 나타나는데, 이를 기대수준으로 빨리 올리는 것이 중요하다.

몇 년 전부터 일부 대기업에서 안전문화 수준을 측정하고 지속적인 개선을 통하여 안전문화를 정착시키기 위해 노력하는 사례들을 볼 수가 있다. 안전문화 수준을 측정하는 공통적인 요인들로는 경영진의 안전의지, 안전의사소통과 참여, 안전시스템 및 운영, 안전교육, 사고원인 분석 및 시정조치, 안전기준 및 준수, 구성원의 역량 등을 들 수 있다. 이들 사업장에서는 정기적인 측정을 통해 수준을 평가하고 부족한 요인들에 대한 대책을 마련하여 개선하는 노력을 지속하고 있다.

우리 사회에서는 아직도 대형 사고가 발생하면 일제점검이나 사고가 일어난 기업의 안전진단 등을 실시하여 사고의 원인이 되는 여러 요인들에 대한 대책을 수립하는데 주로 기술적인 대책을 강구하는 경향들이 있다. 사고는 특정한 어느 하나의 원인으로 일어날 수도 있지만 복합적인 원인에 의해 발생하는 것이 대부분이다. 샘 펠츠만Sam Pelzman은 자동차 안전 규제효과(The Effects of Automobile Safety Regulation) 연구[71]에서 자동차를 만들 때 운전자 보호를 위한 안전벨트, 다중 브레이크 장치, 충

---

71) Sam Pelzman, 「The Effects of Automobile Safety Regulation」, Journal of Political Economy, 83, Number 4 Aug., 1975.

격흡수 핸들 등 안전장치를 설치토록 법적으로 규제한 1965년 전후의 통계를 분석한 결과 안전장치를 장착한 운전자보다 그렇지 않은 운전자의 사고발생 비율이 낮았다는 사실을 발견하였다.

특정 분야의 사례이긴 하지만 기술적인 대책 하나만으로 안전을 확보한다는 것은 사실상 어렵다. 날씬한 몸매를 가꾸기 위해 다이어트를 한 사람들이 얼마 지나지 않아 감량했던 체중이 다시 원래의 체중으로 돌아가는 요요 현상이 발생하여 고민하는 것을 볼 수 있다. 아름다운 몸매를 유지하기 위해서는 식단뿐만 아니라 운동 등 종합적인 체질개선이 필요한 것처럼 안전도 궁극적으로 문화로 승화할 수 있어야 한다.

사람, 환경, 시스템을 통합적으로 개선하라

그리핀과 날Griffin & Nal은 안전문화를 형성하는 가치, 검사, 훈련, 소통 등의 구성요소가 안전준수 및 안전참여 행동에 직·간접으로 영향을 미치고 있음을 밝혔고, 룬모Rundmo는 안전문화를 형성하는 안전태도가 안전을 저해하는 위험한 행동에 직접적인 영향을 준다고 했다. 김희춘은 기업의 안전문화를 정착시키려는 조직 구성원의 자발적인 노력이 기업의 안전문화를 형성해서 안전행동몰입에 정(+)의 영향을 미치고 기업의 안전문

화와 사고의 관계에 있어서 안전행동몰입이 매개 역할을 한다고 하였다.[72]

이러한 연구결과들을 굳이 언급하지 않더라도 기업에서는 안전문화의 중요성을 익히 알고 있고 문화로 정착하기 위한 노력도 경주하고 있다. 안전문화는 어느 특정한 분야 또는 하나의 관점이 아닌 통합적인 관점에서 조직원의 태도와 신념, 행태 등 사람의 관점과 안전한 분위기 및 풍토 조성 등 환경의 관점에서 바라봐야 한다. 아울러 조직원이 활용하는 도구, 시설 장비 등을 안전하게 사용하고 행동하게 하는 시스템도 갖추어야 한다. 또한 주기적으로 수준을 측정·평가하고 도출된 문제점을 지속적으로 개선하여 문화로 발전시켜 나가야 할 것이다.

이렇게 될 때 기업의 조직 구성원은 안전이 우선되어야 한다는 기본가정을 가지고 작업에 임하게 된다. 그리고 안전한 작업 조건을 갖추지 않으면 작업을 시작할 수 없는 프로세스를 마련하면 구성원들은 반드시 그 프로세스를 지켜야 한다는 것을 지각하게 된다. 신념을 갖고 이를 실제로 따르는 행동이 수반될 때 안전문화는 정착될 수 있을 것이다.

---

72) 김희춘, 「기업의 안전문화와 사고와의 연간관계에 관한 연구」, 숭실대학교 대학원 박사학위논문, 2019. 재인용.

에필로그

노동자가 죽거나 다쳤을 때 경영자에게 책임을 묻는 '중대재해 처벌 등에 관한 법률'이 국회를 통과했다. 재계나 노동계 모두 법률 제정 취지에는 공감하면서도 사안에 따라 입장도 다르고 불만도 많아 나라 전체가 시끄럽다. 과거에는 안전과 관련된 사항들을 이슈화 하려고 해도 힘들던 시절이 있었던 반면 지금은 하루도 빠지지 않고 언론을 비롯해 우리 사회의 주요 이슈가 되고 있다. 우리나라가 경제개발계획을 하던 1970년대는 산업안전 문제가 경제개발이나 기업의 부담요인으로 작용했기 때문에 본격적인 문제인식을 갖거나 문제제기가 잘 되지 않던 시절이었다. 그러나 지금은 각종 산업재해 문제가 사회문제화 되기 시작하면서 산업안전보건과 관련한 법령과 제도가 정비되고 우리 사회의 주요 이슈가 되는 시대가 되었다.

　최근 들어 우리 사회에 ESG가 화두다. 경제신문이나 잡지에서 ESG를 대부분 한 번씩 기사화 했거나 커버스토리로 다루었으며 'ESG를 소홀히 하면 기업의 장래를 보장하지 못한다.'라고까지 말을 하고 있다. ESG는 환경(Environment), 사회(Social), 지배구조(Governance)의 머리글자를 딴 말로 기업의 비재무적 성과를 평가하는 틀이다. 우리나라도 2025년부터 단계적으로 모든 코스피 상장사의 ESG 공시 의무화를 계획하고 있고, 세계 최대 규모 자산운용사인 블랙록Black Rock의 최고경영자 래리 핑크Larry Fink는 투자한 기업에게 ESG 성과의 공개를 요구하고 있다. 『매경 ECONOMY』(2091호)에서 조사한 앞으로 'ESG 경영의 중요성'에 대해 89.8%가 매우 중요해질 것으로 예상하거나 어느 정도 중요해질 것이라고 답을 했다. 사회적 요인 중 국내기업의 책임이행이 강조돼야 한다고 생각하는 부분은 '노동자 인권 보호와 산업안전 준수'(35%)로 나타났다. ESG 평가요소는 현재

평가기관마다 조금씩 다르지만 사회 부문에 안전 항목이 포함 되어 있는 것으로 보아 안전이 우리 사회에 차지하는 비중이 얼 마나 크고 이슈화 되고 있는지 쉽게 알 수 있다.

이처럼 많은 부문들이 급격하게 변화하고 있고 안전 환경도 과거와 달리 우리 사회의 주요 이슈로 등장하는 시점에서 안전 문제가 기업의 지속가능경영에 걸림돌이 되지 않으려면 어떻게 하여야 할까? 경영조직의 계층구조는 경영자, 관리감독자, 노동 자로 나눌 수 있다. 계층별 구성원인 경영자부터 노동자까지 각 자의 위치에서 각자의 역할을 충실히 잘 해낸다면 어떤 어려움 이 있어도 기업은 지속가능할 것이다.

그러기 위해서 우선 경영자는 안전에 관한 조직 전체의 미래 전망을 예측하고 조직원에게 비전을 제시할 수 있어야 하며, 경 영철학이 조직구성원에게 스며들도록 소통을 강화하고 전략적으로 접근하여야 할 것이다. 많은 경영자들은 안전에 관한 좋은 정책이나 제도가 있으면 성공했다고 생각을 한다. 혁신을 하고자 할 때 혁신교육을 많이 하면 마치 혁신이 다 된 것처럼 착각할 수 있듯이 정책이나 제도가 있다고 해서 완성되는 것이 아니라 성공으로 가는 과정일 뿐이다.

데이비드 마이클스David Michaels 전 미국 산업안전보건청장은 사업장 안전책임은 사업주에게 있다고 했다. 사업주는 안전한 작업장을 제공할 책임이 있고, 산업안전보건청(OSHA)은 사업주가 산업안전보건법을 준수하도록 할 책임이 있다는 것이 1970년 제정된 미국 산업안전보건법에 규정된 의무라고 했다. '우마차가 가지 않을 때 소를 때려야 하는가? 마차를 때려야 하는가?'라는 질문의 답을 생각해 보면 누가 이끌고 가야하는지 쉽게 알 수 있을 것이다.

관리감독자는 노동자로부터 보고를 받기도 하지만 조직이 하는

일에 대해 경영층에게 보고하는 연결핀(linking pin)으로서 관리
감독자 역할의 성공적 수행이야말로 건강한 조직을 만드는 필
수요건이다. 조직에서 관리감독자의 가장 중요한 역할은 계획과
입안立案, 그리고 통제하는 업무이다. 관리감독자들이 자기 고유
의 업무인 생산이나 품질에만 역할을 할 것이 아니라 부하직원
들이 일을 하다 다치거나 생명을 잃지 않도록 안전을 바탕으로
한 계획, 입안, 통제를 할 때 안전이 확보되고 사고로부터 자유
로워질 수 있다.

　안전은 안전담당자나 안전부서의 일이라고 생각하는 순간 안
전은 우리로부터 멀어지게 된다. 현업부서의 관리감독자들은 지
금까지 조직에서 수행하고 있는 안전에 관한 정책이나 제도, 이
론 등이 형식에 머무르거나 지식의 덫에 빠져있지는 않은지 항
상 살펴보아야 한다. 현업부서의 관리감독자들은 안전에 관한
정책이나 제도, 이론과 기법 등을 재해석하고, 새로운 현상과

사례 등을 통해 안전에 관한 성공원리를 끊임없이 찾아내어 조
직에 적용시켜야 한다.

　노동자들은 가끔 안전을 해야 하는 이유가 나를 위해서가 아
니라 사업주를 위해서 하는 것이라는 생각들을 한다. 우리는 왜
일을 하는가? 많은 사람들은 돈을 벌기 위해서 일을 한다고 한다.
돈은 왜 벌어야 하는가? 돈은 살아가는데 생계를 유지하기 위해
서도 필요하지만 종국적으로는 행복하기 위해 번다. 행복하기
위해 일하는 일터에서 사고로 생명을 잃거나 불구가 된다면 우
리가 추구하는 행복의 장소가 불행의 장소로 바뀌게 된다. 따라
서 노동자는 일하는 일터에서 스스로 생명을 지킬 줄 아는 안전
전문가가 되어야 한다.

　'아는 만큼 보인다.'라는 말이 있다. 노동자는 자기가 하고 있
는 일에 대해 위험과 안전을 구별할 수 있어야 한다. 지금까지

하고 있는 일들이 편안하고 익숙하다고 해서 안전하다고 생각한 적은 없는지, 익숙함을 안전으로 착각하고 있지는 않은지 되돌아 볼 필요가 있다. 만약 내가 익숙하게 하고 있는 행동들이 안전하지 않다면 주저 없이 안전한 행동으로 바꿀 때 내가 일하고 있는 일터가 행복의 장이 될 것이다. 이 세상에 생명과 바꿀 만한 가치는 그 어디에도 그 무엇도 없다.

기업에서 안전은 이제 해도 되고 안 해도 되는 선택의 문제가 아니라 반드시 해야 하는 필수요소가 되었다. 미래는 항상 불확실하고, 이 정도면 되겠지 하고 현실에 안주할 생각을 하면 외부환경은 벌써 한발 앞서가고 있다. 안전뿐만 아니라 많은 것들이 한 번에 모든 문제를 해결할 수 있는 솔루션을 가지고 있지 않다. 주체적인 생각으로 다양한 현상 이면에 숨겨진 것들을 끝없이 파악하고, 이를 기업에 적용시키는 노력만이 안전을 성공으로 이끌어 줄 것이다.

사고가 일어나지 않았다고 작은 성공에 안주하지 말자. 안주하는 순간 우리의 생명이 위험에 빠지게 된다. 우리가 하고 있는 일들이 안전한지 항상 문제의식을 가지고 바라보자.

작년 봄, 지금까지 강의한 내용과 언론 등에 기고한 것들을 정리하여 책을 쓰겠다고 마음먹었을 때 충분히 좋은 내용이고 필요한 책이 될 거라고 용기를 준 공단의 한성주 부장님과 동료들, 출판에 도움을 주신 한국학술정보㈜ 채종준 대표님과 편집진께 감사드린다. 이 책이 기업이 안전을 하는데 생각을 바꾸는 계기가 되고 산재사망 감소로 이어지기를 기대한다.

구권호

중앙대학교 산업경제학과를 졸업하고 동 대학교 국제경영대학원에서 경영학 석사를 받았으며 서울대 공기업고급경영자과정을 수료했다. 1988년 한국산업안전보건공단에 입사하여 32년간 조직평가팀장, 인적자원팀장, 재해통계분석팀장, 안전경영정책연구실장, 경영기획실장, 경기서부지사장, 대구지역본부장 등을 거쳐 현재 인천광역본부장으로 재직하고 있다. 필리핀, 미얀마, 몽골 등 개발도상국의 안전보건정책 자문을 실시하였으며 고용노동부 산업안전보건 정책자문위원회 위원을 역임했다.

산업안전지도사(기계안전), 내부통제평가사, 산업안전기사 자격과 KOSHA-MS 및 ISO 45001 심사위원으로 활동 중이며 「안전관리자의 직무만족도에 관한 연구」, 「산업재해 발생 영향 요인 종합분석」 등 다수의 연구논문을 발표했다. 남동발전, 산업단지공단, 인천도시공사 등 공공기관과 삼성전자, LG전자, 대한항공 등 주요기업, 안양시청, 하남시청 등 지방자치단체와 경기도 및 인천시 교육연수원, 상공회의소 등에서 활발히 교육을 하고 있다.

지속가능 기업을 위한

안전경영의
법 칙

초판인쇄 2021년 4월 16일
초판 2쇄 2021년 5월 14일

지은이 구권호
펴낸이 채종준
펴낸곳 한국학술정보㈜
주소 경기도 파주시 회동길 230(문발동)
전화 031) 908-3181(대표)
팩스 031) 908-3189
홈페이지 http://ebook.kstudy.com
전자우편 출판사업부 publish@kstudy.com
등록 제일산-115호(2000. 6. 19)

ISBN 979-11-6603-411-4 13320